Die besten Bewerbungsmuster
Uta Rohrschneider
Michael Lorenz

Uta Rohrschneider
Michael Lorenz

Die besten Bewerbungsmuster

INHALTSVERZEICHNIS

Vorwort

Sich erfolgreich zu bewerben hat immer mit Eigenwerbung zu tun. Und darum geht es in dieser Bewerbungsmappe. Wir möchten Ihnen anhand anschaulicher Beispiele ausführlicher Musterbewerbungen helfen, sich zielsicher und erfolgreich zu bewerben.

Dieses Buch wurde speziell für Menschen entwickelt, die sich im Bewerbungsprozess befinden oder wissen, dass dieser bald auf sie zukommt. Die einzelnen Musterbewerbungen sind nach Zielpositionen gegliedert, angefangen beim Auszubildenden über den kaufmännischen Angestellten bis hin zum Abteilungsleiter. Eine detaillierte Übersicht über die einzelnen Bewerbungen und unterschiedlichen Positionen finden Sie im Inhaltsverzeichnis. Aufgenommen haben wir zudem kommentierte Bewerbungen mit den jeweiligen Stellenausschreibungen sowie verschiedene Initiativ- und E-Mail-Bewerbungen.

Mit den Kommentierungen der einzelnen Bewerbungen werden Sie herausfinden, mit welchen Formulierungen Sie potenziellen Arbeitgebern Ihren Nutzen im Unternehmen sichtbar machen. Darüber hinaus sollen sie Sie dafür sensibilisieren, welche Fehlerquellen es zu vermeiden gilt.

Es geht in dieser Mappe nicht vorrangig um modische Trends und das Veranschaulichen besonders kreativer und außergewöhnlicher Bewerbungsgestaltungen, sondern um effektive Ratschläge, Regeln und Tipps für eine erfolgreiche Bewerbung, die sich in ihrer Gestaltung und inhaltlich sehen lassen kann. Das geht, indem Sie Unterlagen erstellen, mit denen Sie als Bewerber Ihren „Käufer" auf sich aufmerksam machen und mit denen Sie Ihre ganz eigenen, individuellen Schlüsselqualifikationen präsentieren.

Ergänzt wird diese Bewerbungsmappe unter anderem mit Musterbewerbungen, mit denen Sie Schritt für Schritt zu perfekten Unterlagen gelangen und keine wichtigen Angaben vergessen können.

Wir wünschen uns, dass Sie erkennen, was Ihre Bewerbung sein kann. Nämlich Ihre persönliche Werbebroschüre, mit der Sie sich in das richtige Licht rücken und mit der Sie so sehr überzeugen, dass Sie zu einem Vorstellungsgespräch eingeladen werden.

Für ihre tatkräftige Unterstützung bei der Aufbereitung der Materialien für dieses Buch geht unser ganz besonderer Dank an unsere Mitarbeiterin Ilona Haselbach.

Ihre grow.up.-Managementberatung
Uta Rohrschneider und Michael Lorenz

Was ist besonders wichtig bei Ihrer Bewerbung?

Sie sind auf der Suche nach einer neuen Tätigkeit oder wollen sich beruflich verändern? Dann machen Sie das in Ihren Bewerbungsunterlagen deutlich. Dazu benötigen Sie eine Bewerbung, die klare, für Personalverantwortliche wichtige Aussagen und Informationen enthält. Ihr Ziel muss es sein, beim Leser Interesse hervorzurufen, ihn auf sich neugierig zu machen. Bringen Sie Ihre Aussagen auf den Punkt. Zeigen Sie die Argumente auf, die für den anderen interessant sind, und achten Sie immer wieder darauf, dass Sie kurz, prägnant und präzise für sich werben. Nicht umsonst sind Werbebotschaften im Fernsehen maximal 45 Sekunden lang.

Grundsätzlich sollte das Anschreiben eine maximale Länge von eineinhalb Seiten haben. Zwei Seiten bilden die absolute Ausnahme – dafür brauchen Sie schon einen sehr triftigen Grund! Optimal ist es, das Anschreiben auf eine informative, komprimierte Seite zu bringen. Niemand weiß, wie viel Zeit sich der Leser für Ihr Anschreiben nehmen möchte. Fünf Minuten, zwei Minuten oder kürzer? Geben Sie sich selbst die Chance, ihm schnell und mit wenigen prägnanten Sätzen zu zeigen, wer Sie sind, was Sie können und was Sie wollen.

Natürlich gehen Personalentscheider unterschiedlich vor. Der eine wird sich vielleicht die ganze Bewerbungsmappe ansehen und gründlich studieren, der Nächste schaut eventuell nur kurz über den Lebenslauf und trifft zielstrebig seine Entscheidung, ob die Bewerbungsmappe an den Absender zurückgeschickt wird. Wiederum ein anderer schaut sich Ihr Bewerbungsfoto und Ihre Zeugnisse an und entscheidet sich daraufhin für oder gegen Sie.

Für Sie bedeutet das in jedem Fall: Sorgen Sie dafür, dass alle Ihre Unterlagen so gut aussehen und formuliert sind, dass der Personalverantwortliche sie auf den ersten Blick interessant findet und auch liest. Zeigen Sie, welche Kompetenzen Sie besitzen, erläutern Sie wirksam, wo und wie Sie welche Fähigkeiten oder Schlüsselqualifikationen erworben haben. Wichtig ist das, was Sie zu einem wertvollen Mitarbeiter macht.

Ihre Bewerbungsunterlagen sind Ihre persönliche Visitenkarte

Ihre Bewerbung dient dazu, Werbung in eigener Sache zu machen. Sie vermarkten damit Ihre Person, Ihr Wissen, Ihre Motivation sowie Ihre Arbeitskraft. Sie geben mit Ihren Unterlagen eine erste Arbeitsprobe ab, mit der Sie beim Personalverantwortlichen einen möglichst positiven Eindruck erzeugen wollen. Generell sollten Ihre Unterlagen immer sauber, ordentlich, gut verständlich, leicht lesbar und ansprechend sein. Im Folgenden erhalten Sie Tipps, wie Sie diese Anforderungen erfüllen.

Papierqualität

Verwenden Sie Papier von bester Qualität. Am besten eignet sich dazu weißes Qualitäts-DIN-A4- Papier in einer Stärke von 90 Gramm. Papier mit einer Stärke von über 100 Gramm ist nicht zu empfehlen, da es sehr steif und somit auch schlecht umzublättern ist. Achten Sie zudem auf die optische Qualität des Papiers. Wenn es um den ersten Eindruck geht, sind unsere Entscheidungen immer subjektiv. Und hierbei spielen alle Sinneseindrücke eine Rolle.

Schrift

Wählen Sie eine gut lesbare, klare Schriftart und eine Schriftgröße von mindestens 11 Punkt. Wilde Experimente mit extravaganten Schriftarten sorgen vielleicht dafür, dass Sie sich von anderen Bewerbern abheben, sie kommen jedoch beim Leser meist nicht so gut an. Achten Sie auch darauf, maximal zwei Schriftarten zu verwenden. Zu viele unterschiedliche Schrifttypen wirken unruhig, unklar und verwirrend. Sie lenken das Auge ab und die Aufmerksamkeit vom Inhalt weg. Eine von der Textschrift abweichende Schrift können Sie in der Kopf- und Fußzeile verwenden. Das sollten Sie dann aber auch konsequent auf allen Seiten durchhalten. Papier, Schriftart und Form sowie das von Ihnen gewählte Layout bestimmen den Gesamteindruck Ihrer Bewerbung beim ersten Zur-Hand-Nehmen. Gestalten Sie die Unterlagen so, dass der Betrachter sie gerne liest: klar in der Struktur und übersichtlich in der Textfülle.

Rechtschreibung und Interpunktion

Ein großer Fauxpas in Bewerbungen sind Rechtschreibfehler und Fehler der Interpunktion. Das können und dürfen Sie sich bei einer Bewerbung nicht leisten. Geben Sie Ihre Unterlagen Freunden und/oder Bekannten zum Korrekturlesen.

Vollständigkeit der Unterlagen

Überprüfen Sie vor dem Versenden, ob Ihre Unterlagen vollständig sind. Das Anschreiben wird lose in den Umschlag hineingelegt, in die Bewerbungsmappe gehören die folgenden Bestandteile:

* Deckblatt
* Lebenslauf
* „Dritte Seite" und/oder die Tätigkeits- beziehungsweise Positionsbeschreibung
* Ihre Referenzen
* Ihre Zeugnisse sortiert nach Aktualität (eventuell getrennt nach Arbeitszeugnissen, Ausbildungszeugnissen, Weiterbildungen und Zusatzqualifikationen)

In den einzelnen Bereichen gliedern Sie chronologisch. Bei umfangreichen Unterlagen erleichtern Trennblätter dem Leser die Orientierung.

Die Mappe

Ihre Mappe sollte einen dezenten oder neutralen Farbton haben. Gut geeignet sind Klemmmappen, wobei unterschiedliche Ausführungen zur Auswahl stehen. Während ein Auszubildender sich ruhig mit einer einfachen Klemmmappe bewerben kann, darf eine Führungskraft ruhig zu edleren Stücken greifen. Wählen Sie aber grundsätzlich eine Mappe von guter Qualität und ästhetischem Aussehen. Überlegen Sie sich, welche Mappe Sie eher zur Hand nehmen würden, wenn Sie der Personalverantwortliche wären. Mappen, die sich nicht einfach handhaben lassen, sollten Sie nicht verwenden. Das oberste Prinzip heißt: Machen Sie es dem Leser so einfach wie möglich.

Ausreichend frankieren

Achten Sie auf jeden Fall darauf, dass die Sendung ausreichend frankiert ist. Kein Unternehmen hat Spaß daran, Nachporto für Ihre Unterlagen zu zahlen. Es wird sie Ihnen wahrscheinlich postwendend zurückschicken oder gar nicht erst annehmen.

Checkliste: Erfülle ich mit meiner Bewerbung alle Anforderungen?	J/N
Sie haben an alle formalen Vorgaben gedacht.	
Sie beweisen, dass Sie wissen, welche Informationen für das Unternehmen wirklich wichtig sind, und überzeugen mit dem Blick fürs Wesentliche.	
Sie wissen, dass Sie sich mit allen Aussagen auf den Bedarf des Unternehmens beziehen. „Das Unternehmen sucht, braucht …“, „Ich habe die Kompetenzen, um den Bedarf zu decken und die Anforderungen zu erfüllen“.	
Sie behaupten nicht nur, dass Sie etwas können. Sie beweisen es auch anhand Ihrer Erfolge.	
Sie machen deutlich, dass Sie das Unternehmen in der angestrebten Position kompetent und selbstbewusst vertreten können: kein Hochmut, aber auch keine falsche Unterwürfigkeit.	
Bei Bewerbungen aufgrund einer Stellenausschreibung machen Sie deutlich, mit welchen Kompetenzen und Erfahrungen Sie den Bedarf des Unternehmens decken.	
Ihre Bewerbung muss nicht Ihnen gefallen, sondern dem Leser. Entscheidend sind Informationsgehalt, leichte Lesbarkeit, Übersichtlichkeit sowie einfache und schnelle Informationsaufnahme.	

Was erwarten Personalentscheider von guten Bewerbungsunterlagen?

Bevor Sie mit der Gestaltung Ihrer Bewerbungsunterlagen beginnen, hier noch eine Anregung für Sie: Lernen Sie, Ihre Unterlagen mit den Augen des personalverantwortlichen Entscheiders zu betrachten. Die nachfolgende Checkliste fasst die wesentlichen Aspekte des Perspektivenwechsels zusammen.

Checkliste: Perspektivenwechsel: Worauf achten Personalentscheider?	Check
Ansprechende Gestaltung der Unterlagen. Sie sind • sauber, • gut lesbar, • ordentlich und • in einer Mappe abgeheftet.	
Einfache Handhabung der Bewerbungsmappe • Sie fällt nicht auseinander. • Es ist kein mehrmaliges Falten nötig. • Sie ist schnell durchsehbar. • Die Inhalte sind schnell zu erfassen.	
Informationswert • Enthalten ist das Wesentliche. • Der Bezug zum Unternehmen ist vorhanden. • Die Unterlagen enthalten alle notwendigen Informationen. • Die Texte sind leicht zu lesen.	

Wenn Personaler googeln: Was das Netz über Sie weiß

Natürlich nutzen Unternehmen inzwischen neben den Bewerbungsunterlagen das Internet, um zusätzliche Informationen über einen Jobaspiranten zu erhalten. Immer öfter wird man auf den unzähligen Websites, in den Foren und in den Communitys fündig. Hinzu kommen diverse Networking-Plattformen, auf denen die Mitglieder ihr Nutzerprofil hinterlegen.

Wer als Personalbeschaffer im Netz einschlägig recherchiert, erhält bisweilen auch wenig schmeichelhafte Auskünfte, weil die Nutzer vergessen, dass sie – obwohl allein vor dem Bildschirm – einem mehr oder weniger großen Publikum etwas über Einstellungen, Interessen und andere Aspekte der Persönlichkeit verraten. Bei manchen Einlassungen kann man durchaus den Eindruck gewinnen, dass da jemand erst nach Mitternacht und einer Flasche Rotwein seinen „Blog" aktualisiert hat.

SCHÜTZEN SIE SICH AUCH IM INTERNET

Blogger sollten sich der Tatsache bewusst sein, dass ihre Einträge stark verbreitet und langfristig archiviert werden. Im Gegensatz zu Foren wird nichts gelöscht, sondern aus Gründen der Nachvollziehbarkeit lediglich (dünn) durchgestrichen. Blogger sollten sich deshalb sehr genau überlegen, was und wie sie formulieren.

Weil sich nicht alle Teilnehmer im Netz so verhalten, wie sie es sollten (Spam), praktizieren viele Unternehmen ein Reputationsmanagement. Dies sollten Sie als Privatperson ebenfalls tun, da die Chancen auf einen guten Job mit einer negativen Internet-Reputation sinken. Dazu noch ein kleiner Tipp: Schauen Sie bei Google gegebenenfalls auch unter „Bilder" nach. Sie können genauso gut auf optischem Weg in einen für Sie wenig vorteilhaften Zusammenhang gebracht werden. Kompromittierende Inhalte – auch wenn sie aus grauer Vorzeit stammen – sollte man zu löschen versuchen. Gehen Sie dabei so vor:

1. Bei den meisten Homepages genügt ein einziger Blick in das Impressum, um Namen, Anschrift und E-Mail-Adresse des verantwortlichen Webmasters herauszubekommen. Ist kein Impressum vorhanden, dann können Sie immer noch über die URL den Betreiber der Seite ermitteln. In solchen Fällen helfen Registrierungsstellen für Internetadressen wie www.denic.de weiter.

2. Bitten Sie den Betreiber der Webseite per E-Mail oder per Brief, die problematischen Inhalte (Bild, Text) zu entfernen.

3. Für den Fall, dass der Betreiber auf Ihre Nachricht hin nicht reagiert, schreiben Sie ihn noch einmal an. Weisen Sie ihn darauf hin, dass er nach deutschem Recht auf Ihre Bitte hin verpflichtet ist, den problematischen Inhalt zu löschen.

Da einstweilen nach zwar ungesicherter, aber durchaus plausibler Sachlage 30 Prozent aller Personaler sich auch im Internet über Bewerber informieren, sollte man das Bild, das man dort gegebenenfalls abgibt, kritisch überprüfen und eventuell korrigieren.

„Xing" oder: Was bringt die Visitenkarte im Netz

„Social Networking Plattformen" boomen und Xing gehört gewiss zu den besonders erfolgreichen Business-Netzwerken für „Geschäft, Beruf und Karriere". Aber was heißt hier erfolgreich? Ist der Börsenwert gemeint? Oder geht es um die Zahl der Mitglieder? Welche Rolle spielt in der Bewertung die Qualität der Mitglieder? Welchen Wert haben die Kontakte?

Ohne ein Urteil vorwegnehmen zu wollen, sei daran erinnert, dass eine erfolgreiche Idee zunächst einmal eine Idee ist, die sich erfolgreich verkaufen lässt. Und so ist es denn nicht neu, sich über Kontakte – früher sprach man von Vitamin B – Vorteile in Sachen Beruf und Karriere verschaffen zu wollen. Beziehungen, so hieß es schon immer, schaden nur dem, der sie nicht hat. Leidgeprüfte Personaler sprechen in diesem Zusammenhang von „Kukis", „Prokis" und „Mikis" und beklagen sich damit hinter vorgehaltener Hand über die „Kinder" von Kunden, Prominenten und Mitarbeitern, die jobmäßig zu versorgen sind. Und da wird dann mancher Bewerber widerwillig eingestellt, weil er von „ganz oben" kommt.

Dem Unternehmen tut dies meist nicht gut und für die Kollegen ist es ein Gräuel. Deshalb gibt es in manchen Betrieben das ungeschriebene Gesetz, niemandem nur aufgrund persönlicher Beziehungen einen Arbeits- oder Ausbildungsplatz zu geben. Was hat das mit Business-Netzwerken zu tun? Sehr viel, denn hier versuchen Leute eine Räuberleiter zu bauen. Sie gehen nicht den geraden Weg des sportlichen Wettbewerbs, sondern wollen über Kontakte eine Abkürzung nehmen. Das persönliche Xing-Profil soll es richten. Bedenken Sie dabei Folgendes:

- Wenn Sie Ihren Lebenslauf offen einstellen und auch noch regelmäßig aktualisieren, signalisieren Sie damit, dass Sie beruflich ständig auf dem Sprung sind beziehungsweise sich aus den eventuellen Vorstellungsgesprächen nichts ergibt.
- Ein grüner Balken auf der rechten Seite Ihres Profils zeigt, wie regelmäßig Sie das Netzwerk nutzen. 100 Prozent erreichen Sie, wenn Sie sich mindestens einmal pro Tag einloggen. Dieser Nutzungsgrad kann als Hinweis gewertet werden, dass man beruflich in Not ist oder sich permanent mit seiner Karriere befasst – oder nichts zu tun hat.

- Vorsicht! Wenn Sie die Seiten von Xing-Mitgliedern besuchen, hinterlassen Sie automatisch Ihre Adresse. Da kann dann schon mal jemand nachfragen, warum Sie sich eigentlich so oft auf seiner Seite tummeln. Ungewollt geben Sie damit manchmal auch Ihre eigenen Interessen und Vorlieben preis.
- Ihr Gästebuch wird möglicherweise nicht nur von Headhuntern und Personalern besucht, sondern auch von Ihrem Arbeitgeber oder dessen hauseigenen Unternehmensberater. So lässt sich gegebenenfalls feststellen, welche Mitarbeiter vom Abkehrwillen beseelt sind.

DAS XING-NETZWERK IST ÖFFENTLICH

Beachten Sie, dass Xing nicht anonym ist. Wer zum Beispiel einen beruflichen Wechsel anstrebt, sollte dies nicht angeben, da Kollegen und Vorgesetzte auch Mitglied sein können. Generell sollte man als Mitglied bei Eintritt genau überlegen, was man auf der Kontaktseite über sich veröffentlichen will. Hinterlegen Sie am besten nichts, was Sie nicht einmal überschlafen haben und vielleicht noch von wohlwollenden Mitmenschen gegengelesen wurde.

Beachten Sie als Bewerber den Knappheitsgrundsatz

Das „Humankapital" ist Deutschlands wichtigste Ressource und immer schwerer zu beschaffen. Längst gibt es – nicht nur bei uns – einen „War for talents". Die gefragten High Potentials sind nicht en passant zu finden und bieten sich vor allem nicht ständig an. Was für den Markt von Gütern und Dienstleistungen gilt, gilt eben auch für den Markt für Fach- und Führungskräfte: Wertigkeit und Knappheit korrelieren miteinander.

Und deshalb muss man als Networker gut aufpassen, in welche Gesellschaft man mit seinem Leistungsprofil gerät. „To XING or not to XING?" fragt jemand unter http://www.jobblog.ch/ und schreibt: „Für mich ist XING in den letzten Jahren (auch) eine Bühne von Blendern und Selbstdarstellern (‚Ich habe 845 XING-Kontakte!') geworden." Mein Haus, mein Auto, meine Jacht!

TAUCHEN SIE NICHT AUF JEDER PARTY AUF

Selbstverständlich ist es immer gut, zur rechten Zeit am richtigen Ort zu sein. Das gilt sowohl für das Privat- als auch für das Berufsleben. Man kann die Dinge aber auch überdrehen. Wie heißt doch eine alte Handwerkerregel? Nach fest kommt ab. Man kennt die karrierebewussten Kollegen, die keine offizielle oder inoffizielle Fete auslassen, um in eigener Sache PR zu machen. Und bei der Gelegenheit wandern die Gedanken wie von selbst zu der Frage, ob eigentlich der Medienrenner „Second Life" noch lebt.

Wie das Netz beruflichen Rückenwind vermitteln kann

Warum gehen Personaler ins Netz? Weil sie auch wertvolle Informationen über Jobaspiranten finden können, die diese in ein günstiges Licht rücken. Hier einige Beispiele:

- Thema der Diplomarbeit
- Mitarbeit in interessanten Projektgruppen
- Teilnahme an fachlich einschlägigen Expertenforen
- Zeitungsartikel
- Publikationen und Besprechungen von Publikationen
- Anspruchsvolle Blogs
- Kulturelle und gesellschaftliche Engagements
- Preise und Patente
- Persönliche Erfahrungen, die auch für andere nützlich sind
- Gut aufgemachte Reiseberichte
- Sportliche Aktivitäten und Erfolge

Auf diese Weise kann sich ein interessantes Persönlichkeitsprofil ergeben, bei dem man nicht als Selbstdarsteller auftritt und das deshalb besonders glaubwürdig wirkt. Voraussetzung dafür ist allerdings, dass man etwas Besonderes geleistet oder Berichtenswertes vorzuweisen hat.

Wie Sie die Trefferzahl bei Google und Co. erhöhen

Mit Engagement und ein wenig Glück kann man Einträge über die eigene Person im Internet generieren. Hier einige Möglichkeiten, die vor allem Nachwuchskräfte nutzen können:

- Das „Hamburger Abendblatt" veröffentlicht jeden Samstag in der Rubrik „Mein Ziel" persönliche Beiträge von Hochschulabsolventen, die anschließend auch im Netz abgerufen werden können. Schon hat man einen Eintrag, der weiterführen kann. Schauen Sie also einmal, welche vergleichbaren Chancen Ihnen Ihre Tageszeitung in der Region bietet.

- Die Mitgliedschaft bei Institutionen wie AIESEC oder einer studentischen Unternehmensberatung kann hilfreiche Einträge hervorbringen

- Der VDM-Verlag (googeln!) veröffentlicht Diplomarbeiten und Dissertationen. Damit wird kein Diplomand oder Doktorand reich, aber möglicherweise mit Interesse und Aufmerksamkeit seitens für die berufliche Entwicklung interessanter Personen belohnt.

- Ein vielleicht erst einmal zähneknirschend absolviertes unbezahltes Praktikum kann sich später als Glücksfall erweisen, weil es zu einer guten Internetpräsenz führt. Das gilt vor allem für NGOs.

- Schreiben Sie bei Amazon eine fachlich fundierte Buchrezension und schon haben Sie einen Interneteintrag, den ein googelnder Personalleiter unwiderstehlich findet.

So kann man an seinen Traumjob kommen – der Autor verbürgt sich für derartige Fälle –, ohne sich auf einem Laufsteg anbieten oder gar anbiedern zu müssen.

Was bedeutet das Allgemeine Gleichbehandlungsgesetz für Ihre Bewerbung?

Seit August 2006 ist in Deutschland das neue Allgemeine Gleichbehandlungsgesetz (AGG) in Kraft. Ziel dieses Gesetzes ist es, Benachteiligungen und Diskriminierungen aus Gründen der Rasse und Hautfarbe, der ethnischen Herkunft, des Geschlechts, der Weltanschauung sowie der Religionszugehörigkeit zu verhindern und zu beseitigen. Auch personenbezogene Merkmale wie eine Behinderung, das Lebensalter oder sexuelle Identität dürfen nicht zu einer Benachteiligung einer Person gegenüber anderen führen.

Das AGG sieht unter anderem vor, dass von Ihnen als Bewerber nicht verlangt werden darf, Ihrer Bewerbung ein Foto beizufügen oder auf persönliche Fragen zu Alter, Familienstand, Kindern, Religion und sexueller Orientierung etc. zu antworten. Des Weiteren müssen Arbeitgeber Sätze wie „Sie passen in unser Team, wenn Sie zwischen 25 und 30 Jahre alt sind" oder „Unser junges dynamisches Team braucht Verstärkung" aus ihren Stellenanzeigen heraushalten. Anzeigen müssen geschlechtsneutral und in Bezug auf die übrigen Diskriminierungsgründe unverfänglich formuliert sein. Anforderungen wie jung, körperlich uneingeschränkt belastbar, ungebunden oder hochbegabt sind nicht erlaubt. Wird ein Bewerber dennoch wegen einer der genannten Gründe abgelehnt, hat er nach dem AGG die Möglichkeit, innerhalb von zwei Monaten rechtliche Schritte einzuleiten. Das kann dazu führen, dass ein Unternehmen neben der Aufhebung der bestehenden Benachteiligung auch eine Entschädigung an den betreffenden Bewerber zahlen muss.

Foto

In den USA sind Bewerbungsfotos aufgrund der dort schon lange geltenden Antidiskriminierungsgesetze ein Tabu. Auch in Deutschland darf fortan ein beigelegtes Bewerbungsfoto nicht mehr als Entscheidungskriterium bei der Personalauswahl dienen. Als Bewerber sind Sie somit nicht mehr verpflichtet, Ihrer Bewerbung ein aussagekräftiges Foto beizufügen.

Genaue Angaben dazu, ob Bewerbungen mit Foto signifikant erfolgreicher sind als solche ohne und umgekehrt, können zum jetzigen Zeitpunkt jedoch nicht getroffen werden. Unternehmen verzichten zwar darauf, Bewerbungsfotos explizit anzufordern, in der Praxis setzt sich der Trend jedoch fort, Bewerbungen weiterhin mit einem professionellen Bewerbungsfoto zu versehen. So bieten Sie als

Bewerber dem Unternehmen mehr Daten an, die mit Ihnen assoziiert werden können. Denn auch einem Personaler fällt es leichter, sich schnell an einen Kandidaten zu erinnern, wenn er dessen Daten mit einem Foto in Verbindung bringen kann.

Zur Altersangabe

Ziel des AGG ist die Gleichstellung zwischen Älteren und Jüngeren. Arbeitgeber, die in einer Stellenanzeige eine erfolgreiche Bewerbung von vornherein an einer bestimmten Altersspanne festmachen oder während eines Bewerbungsgesprächs das Alter des Bewerbers abfragen, laufen daher große Gefahr, mit hohen Entschädigungszahlungen konfrontiert zu werden. In der Rolle des Bewerbers steht es Ihnen somit frei, ob Sie Angaben zu Ihrem Alter machen wollen oder nicht, verpflichtet sind Sie hierzu nicht mehr.

Die Altersangabe kann aber in der Tat auch ein Problem darstellen, wenn sich zum Beispiel ältere Menschen bewerben – und das kann heute schon mit 40 oder 45 Jahren so weit sein. Wer dann auf die Altersangabe verzichtet, kann vielleicht darauf hoffen, dass sich der Empfänger intensiver mit seiner Bewerbung befasst. Er wird das Alter des Bewerbers in diesem Fall aus dem Werdegang schließen. Genauso kann es aber passieren, dass sich der Personalverantwortliche über die Mehrarbeit ärgert, was die Chancen des Bewerbers nicht verbessern wird.

Geschlecht

Zielsetzung des AGG ist es außerdem, die ungleiche Behandlung von Frauen und Männern bei der Vorauswahl von Kandidaten zu verhindern. Einschätzungen sollen, wie bei allen anderen Aspekten auch, nicht aufgrund persönlicher Variablen – hier das Geschlecht – erfolgen, sondern aufgrund der Qualifikation. Hierzu ist zu sagen, dass eine explizite Geschlechtsangabe auch heute nur in den seltensten Fällen erfolgt, denn die meisten Namen sind selbsterklärend. Anders kann dies bei einem ausländischen Vornamen sein, der nicht sehr geläufig und hinsichtlich des Geschlechts schwierig einzuordnen ist. Nur diese Bewerber hätten dann aber auch den Vorteil, der mit der Gesetzesänderung erreicht werden soll.

Grundsätzlich können Sie weiterhin individuell entscheiden, ob es für Sie vorteilhafter ist, Alter oder Geschlecht im Lebenslauf anzugeben oder ein Foto beizufügen. Entscheidend ist, dass Sie nicht mehr dazu gezwungen werden können. Aus diesem Aspekt leitet sich eine weitere Änderung für Bewerber ab: Erhalten Sie aufgrund Ihrer Nichtangabe der oben genannten Punkte eine Absage und hegen Sie auch nur den geringsten Verdacht, dass diese Absage in Ihrer berechtigten Nichtangabe der Daten begründet ist, haben Sie die Möglichkeit, gerichtlich gegen den Arbeitgeber vorzugehen.

Der Europäische Lebenslauf: Was ist das eigentlich?

Im Grunde handelt es sich bei dieser Art des Lebenslaufs um nichts anderes als die bisher für eine Bewerbung bei internationalen Organisationen verlangten Formulare. Er besteht aus einer Auflistung der Themen, die auch in einem individuell gestalteten Lebenslauf erwähnt werden, und gibt Aufschluss über

- persönliche Daten,
- Berufserfahrung,
- Aus- und Weiterbildung,
- Sprachkenntnisse sowie
- weitere Fähig- und Fertigkeiten.

Beim Europäischen Lebenslauf sind diese Angaben jedoch in einer bestimmten Reihenfolge angeordnet. Der Europäische Lebenslauf entstand im Rahmen der Initiativen des Europäischen Forums mit dem Ziel einer größeren Transparenz und besseren Vergleichbarkeit von Bildungsabschlüssen in Europa. Er ist in 25 europäischen Sprachen verfügbar.

Vor- und Nachteile des Europäischen Lebenslaufs

Der Vorteil auf Bewerberseite liegt darin, dass Musterformulare auch in Fremdsprachen zur Verfügung stehen. Wer sie ausfüllt und verschickt, nutzt die Chance, dass er weniger von Personalentscheidern als negativ empfundene Fehler machen wird. Auf der anderen Seite bietet der Europäische Lebenslauf nur wenig Spielraum, sich durch individuelle Gestaltung von anderen Bewerbern abzuheben.

Für den künftigen Arbeitgeber liegt der Vorteil auf der Hand: Er kann auf einen Blick erkennen, ob der Bewerber sämtliche verlangten Kriterien erfüllt. Damit wird eine bessere Vergleichbarkeit erreicht. Doch auch dieses Formular ist geduldig und bietet Raum, die eigenen Leistungen hervorzuheben – allerdings kürzer und prägnanter als in der „freien" Form.

Fazit: Eine solche sehr vereinfachte Form des Lebenslaufs ist bei einem umfangreichen Profil des Bewerbers denkbar ungeeignet. Andererseits erleichtert sie die Vergleichbarkeit der Bewerber. In der Praxis scheint sich diese Form des Lebenslaufs jedoch noch nicht durchzusetzen, denn die meisten Unternehmen verlangen noch immer das übliche Format. Für den Einsatz in der Praxis heißt das, dass Sie sich lieber bei der Personalabteilung rückversichern sollten, ob ein Europäischer Lebenslauf dort auch tatsächlich gewünscht wird oder ob Sie die klassische Bewerbung bevorzugen sollten.

EUROPÄISCHER LEBENSLAUF

ANGABEN ZUR PERSON

Name	Schmidt, Sebastian Maximilian
Adresse	Parkstraße 45 D-82467 Garmisch-Partenkirchen
Telefon	++49 8821 9118955
Fax	++49 8821 9118966
E-Mail	Sebastian.Schmidt@meinePost.de
Staatsangehörigkeit	Deutsch
Geburtsdatum	05.07.1980

ARBEITSERFAHRUNG

• Datum (von – bis)	01.09.2008–
• Name und Adresse des Arbeitgebers	Formlos, Buchstraße 12, D-82467 Garmisch-Partenkirchen
• Tätigkeitsbereich oder Branche	Schreinerei und Möbelgeschäft
• Beruf oder Funktion	Raumausstatter und Dekorateur
• Wichtigste Tätigkeiten und Zuständigkeiten	• Wandbespannungen • Polsterei • Dekoration • Kundenberatung und -betreuung
• Datum (von – bis)	01.02.2008–25.08.2008
• Name und Adresse des Arbeitgebers	Big Chair 14895 McForward Circle US-5986 Massachusetts
• Tätigkeitsbereich oder Branche	Möbelgeschäft
• Beruf oder Funktion	Dekorateur
• Wichtigste Tätigkeiten und Zuständigkeiten	– Entwurf und Anfertigung von Dekorationen – Auftragsannahme
• Datum (von – bis)	01.07.2000–31.12.2007
• Name und Adresse des Arbeitgebers	Natur erleben Scheibenstraße 3 D-56015 Koblenz
• Tätigkeitsbereich oder Branche	Möbelgeschäft
• Beruf oder Funktion	Raumausstatter
• Wichtigste Tätigkeiten und Zuständigkeiten	– Verlegen von Bodenbelägen

- Anbringen von Wand- und Deckenbekleidungen aus Tapeten, Textilien, Leder, Holz und Kunststoffen

- Anfertigen von Polstermöbeln

- Restaurierung von Antikmöbeln

SCHUL- UND BERUFSBILDUNG

• Datum (von – bis)	2004–2006
• Name und Art der Bildungs- oder Ausbildungseinrichtung	Handwerkskammer Trier
• Hauptfächer/berufliche Fähigkeiten	Meisterschule Raumausstatter
• Bezeichnung der erworbenen Qualifikation	Meisterprüfung zum Raumausstatter

• Datum (von – bis)	1997–2000
• Name und Art der Bildungs- oder Ausbildungseinrichtung	Natur erleben Scheibenstraße 3 D-56015 Koblenz
• Hauptfächer/berufliche Fähigkeiten	Berufsausbildung zum Raumausstatter
• Bezeichnung der erworbenen Qualifikation	Gesellenprüfung zum Raumausstatter

• Datum (von – bis)	1990–1996
• Name und Art der Bildungs- oder Ausbildungseinrichtung	Staatliche Gesamtschule Friedrichshein
• Bezeichnung der erworbenen Qualifikation	Mittlere Reife

SPRACHKENNTNISSE

MUTTERSPRACHE	DEUTSCH
SONSTIGE SPRACHEN	ENGLISCH
• Lesen	ausgezeichnet
• Schreiben	sehr gut
• Sprechen	gut
	FRANZÖSISCH UND ITALIENISCH
• Lesen	gut

• Schreiben	Grundkenntnisse
• Sprechen	befriedigend

SOZIALE FÄHIGKEITEN UND KOMPETENZEN	Extrem freundschaftlicher Umgang mit Mitmenschen, erworben u. a. durch einen nationalen und internationalen Kreis von Freunden sowie langjährige Erfahrung in der Kundenbetreuung
ORGANISATORISCHE FÄHIGKEITEN UND KOMPETENZEN	Flexibilität, Ausdauer, Teamerfahrung, erworben u. a. beim Basketball und Schwimmen
TECHNISCHE FÄHIGKEITEN UND KOMPETENZEN	Allgemeine PC-Kenntnisse (insbes. Word, Excel, PowerPoint) erworben in diversen Fortbildungskursen
KÜNSTLERISCHE FÄHIGKEITEN UND KOMPETENZEN	Fähigkeiten im Bereich Design und Dekoration, insbes. neuer Polsterungen, erworben während der Tätigkeit bei der Firma Formlos
SONSTIGE FÄHIGKEITEN UND KOMPETENZEN	Erste-Hilfe-Kenntnisse, erworben durch Mitgliedschaft bei den Johannitern

Bewertung des Europäischen Lebenslaufs

Der vorliegende Europäische Lebenslauf entspricht den allgemeinen Kriterien der Europäischen Union. Die Struktur, das heißt die gegenchronologische Aufbauweise, sollte immer übernommen werden. Normalerweise gehört eine Fußnote mit Namen und Seitenzahl zum Standard einer solchen Bewerbung. Viele Europäische Lebensläufe sehen so aus wie dieser. Beachten Sie aber, dass die Schriftausrichtung Ihnen überlassen ist. Sie müssen also die Rechts- und Linksbündigkeit nicht übernehmen. An dieser Stelle haben Sie noch Einfluss darauf, wie Ihr Europäischer Lebenslauf aussehen soll.

Arbeitsblatt: Zum Aufbau Ihres Lebenslaufs

Gliederungspunkte	Notizen
Überschrift (Lebenslauf, Curriculum Vitae, Werdegang)	
Persönliche Daten • Vor- und Zuname • Geburtsdatum und Geburtsort • Religionszugehörigkeit • Familienstand, gegebenenfalls Anzahl der Kinder • Gegebenenfalls Name und Beruf des Ehepartners • Staatsangehörigkeit	
Berufstätigkeit (zu allen Tätigkeiten) • Berufsbezeichnung/ Position • Arbeitgeber (Firma, Ort) • Kernaufgaben/ Verantwortung	
Hochschulstudium • Nennung des Studienfachs/ Studienfächer • Hochschule (Name, Ort) • Gegebenenfalls Nennung der Schwerpunkte • Gegebenenfalls Angabe des Titels der Abschlussarbeit	

Studienbegleitenge Tätigkeiten • Art der Tätigkeit (Praktika, Jobs, Aushilfe, etc.) • Aufgabenfeld, Kernaufgaben/ Verantwortung • Arbeitgeber (Firma, Ort)	
Berufsausbildung • Art der Berufsausbildung • Ausbildendes Unternehmen samt Ort • Ausbildungsabschluss (Note)/ Berufsbezeichnung	
Berufliche Zusatzqualifizierung/Weiterbildung • Art und Umfang der Qualifizierung • Gegebenenfalls Anbieter und Ort • Abschluss/ Titel • Angaben zu allen sonstigen Weiterbildungen, die in Verbindung zum Berufsleben stehen	
Besondere Kenntnisse • Fremdsprachen • EDV- Kenntnisse • Führerschein • Sonstige Qualifikationen	
Schulausbildung • Besuchte Schulen • Angaben zum Schulabschluss	
Hobbies und Freizeitinteressen • Ehrenamtliche Tätigkeit • Soziales Engagement • Ausgeübte Sportarten • Sonstiges	

Welche Wege führen zur neuen Stelle?

Grundsätzlich gilt: Den einzig richtigen Weg zu einer passenden Stellenausschreibung gibt es nicht. Nutzen Sie die vielfältigen Möglichkeiten der Printmedien und des Internets, um die Anzeigen zu finden, die Sie ansprechen.

So finden Sie interessante Stellenausschreibungen

Als kleine Hilfe möchten wir Ihnen ein paar Tipps geben, wie Sie interessante Stellenanzeigen finden und wo Sie suchen könnten.

Printmedien

Printmedien sind die bekanntesten und am weitesten verbreiteten Quellen, um nach einer geeigneten neuen Position zu suchen. Richten Sie Ihren Blick auf regionale und überregionale Tageszeitungen, Magazine und Fachzeitschriften. Dazu zählen zum Beispiel:

* „Frankfurter Allgemeine Zeitung" (FAZ)
* „Handelsblatt"
* „Die Welt"
* „Die Zeit"
* „Frankfurter Rundschau"
* „Süddeutsche Zeitung"
* „FORUM"
* WISU- Firmenguide für Bewerber
* Branchenzeitschriften
* Fachzeitschriften der Berufsverbände (zum Beispiel „VDI Nachrichten")

Internet

Die im Folgenden genannten Jobbörsen zeigen nur einen kleinen Ausschnitt der inzwischen vielfältigen Möglichkeiten, die das Internet bietet. Neben den übergreifenden Jobbörsen finden Sie auch solche, die auf bestimmte Branchen, Berufe und Positionen spezialisiert sind. Investieren Sie ruhig ein paar Stunden Zeit, um im Internet Jobbörsen anzuschauen und zu bewerten. Finden Sie heraus, welches Medium für Sie geeignet ist, um eine neue Position zu finden.

Wie Sie Stellenanzeigen lesen und interpretieren

Als Bewerber müssen Sie wissen, wie Sie Stellenanzeigen richtig lesen und interpretieren. Die Stellenanzeige umfasst die Darstellung des Arbeitgebers und der zu besetzenden Position. Ihre Aufgabe besteht darin zu prüfen, ob die beschriebenen Anforderungen zu Ihren Kompetenzen und das Unternehmen zu Ihnen als Person passen. Eine seriöse und informationsreiche Stellenausschreibung umfasst die folgenden Details.

- Information zum Unternehmen: Die Stellenanzeige gibt Ihnen Auskunft über die Branche, in der das Unternehmen tätig ist, sowie über Größe und Standort(e) der Niederlassung(en). Hier finden Sie auch Informationen zur Produktpalette und zur Marktpositionierung.

- Die Stellenbeschreibung: Dieser Teil bezieht sich auf die vakante Stelle und gibt Auskünfte über die Aufgaben- und Verantwortungsbereiche. Gute und vielsagende Stellenausschreibungen enthalten zudem ausführliche Informationen zum Eintrittstermin und zur Vergütung.

- Das Anforderungsprofil: Hier werden die Qualifikationen und Fähigkeiten dargestellt, die der Bewerber für die neue Stelle mitbringen muss. Sie erfahren, welche Voraussetzungen das Unternehmen an Ihre fachlichen Qualifikationen, Berufserfahrung, persönlichen Kompetenzen sowie Ihre Flexibilität und Mobilität stellt.

- Die Unternehmensleistungen: An dieser Stelle finden Sie Angaben zu eventuellen Sozial- und anderen Leistungen des Arbeitgebers für seine Mitarbeiter. Vielleicht werden auch Informationen über Art, Umfang und Dauer der Einarbeitungszeit oder Weiterbildungsmöglichkeiten genannt. Aussagen über die Führungs- und Unternehmenskultur können Sie ebenfalls hier finden.
- Bewerbungsarten und Ansprechpartner: In der Anzeige wird auch gesagt, welche Art von Bewerbung gewünscht wird und wie umfangreich sie ausfallen soll. Zudem werden Angaben zum Inhalt gemacht und der Ansprechpartner wird genannt, bei dem Sie vorab Informationen einholen können.

Nutzen Sie die folgende Tabelle, um Stellenausschreibungen zu analysieren.

Arbeitsblatt: Anzeigenanalyse

Anzeigenanalyse	Notizen
Geht aus der Anzeige eindeutig hervor, wer was sucht?	
Wird aus der Anzeige deutlich, was das Unternehmen zu bieten hat?	
Sind die Formulierungen in der Anzeige speziell gewählt oder allgemein gehalten?	
Ist die Anzeige als Ganzes aussagefähig?	
Was gefällt Ihnen an der Anzeige? Was wirkt weniger attraktiv?	
Wird durch die Anzeige Ihr Interesse geweckt, mit diesem Unternehmen Kontakt aufzunehmen?	
Ist das Layout ansprechend?	
Welche positiven, werbenden Botschaften enthält die Anzeige?	
Welche negativen, unklaren Aussagen enthält die Anzeige?	

ZEIGEN SIE DEUTLICH, DASS SIE DIE ANGEGEBENEN ANFORDERUNGEN ERFÜLLEN

Bei Unternehmen, die sehr detaillierte Angaben über die Anforderungen einer Arbeitsstelle machen, können Sie davon ausgehen, dass Ihre Bewerbung anhand eines genauen Anforderungsprofils geprüft und beurteilt wird. Ihre Unterlagen müssen deutlich zeigen, dass Sie über die erforderlichen Fähigkeiten und Erfahrungen verfügen.

Schalten Sie selbst eine Stellenanzeige

Natürlich können Sie auch in die Offensive gehen und selbst ein Stellengesuch aufgeben. Das hat einen sehr großen Vorteil: Sie zeigen Initiative und werden selbst aktiv. Die Herausforderung besteht darin, Ihre Anzeige so zu formulieren, dass sie die Aufmerksamkeit des Lesers weckt. Achten Sie daher schon beim Entwurf vor allem darauf, dass sie nicht eintönig und langweilig wirkt, auf der anderen Seite aber auch nicht übertrieben witzig oder plump daherkommt. Auch mit einem Stellengesuch werben Sie für sich. Stellen Sie also in Ihrer Anzeige Ihre Fähigkeiten, Ihre Kenntnisse und Ihre Person klar und prägnant vor. Auf dem folgenden Arbeitsblatt können Sie Ihre Notizen zu den formalen und inhaltlichen Aspekten Ihrer Stellenanzeige festhalten.

Arbeitsblatt: Ihre Stellenanzeige

Form	Notizen
In welchen Medien will ich meine Anzeige schalten?	
Will ich regional inserieren? Welche Medien nutze ich?	
Will ich überregional inserieren?	
Will ich im Internet in einer Jobbörse inserieren?	
Welche Größe soll meine Anzeige haben?	
Welche Schriftart/Farbe will ich benutzen? Wie sollen Rahmen beziehungsweise Schattierung aussehen?	
Inhalt	**Notizen**
Was ist meine angestrebte Position beziehungsweise mein gewünschter Aufgabenbereich?	

Wie lautet meine genaue Berufsbezeichnung?	
Optional: persönliche Daten (Alter, Geschlecht, Familienstand – laut AGG keine verpflichtenden Angaben)	
Angaben zur Ausbildung (Schulabschluss, Ausbildung, Studium) (Geben Sie immer die zuletzt erworbene beziehungsweise höchste Qualifikation an.)	
Welche besonderen Kompetenzen unterscheiden mich von anderen Bewerbern?	
Habe ich besondere Fähigkeiten und Kenntnisse, die vor allem für die gesuchte Position entscheidend sind?	
Angaben zu meiner Berufspraxis (wie viele Jahre habe ich in einzelnen Fachgebieten/Positionen gearbeitet?)	
In welcher Branche bin oder war ich tätig?	
In welcher Region würde ich gerne tätig werden?	
Was sind meine Gründe für einen Stellenwechsel?	
Wann ist der für mich frühestmögliche Eintrittstermin?	

SIE KÖNNEN BEWERBUNGSKOSTEN VON DER STEUER ABSETZEN

Denken Sie daran, dass Sie Bewerbungskosten – und damit auch die Kosten für ein eigenes Stellengesuch – von der Steuer absetzen können.

Welche besonderen Formen der Bewerbung gibt es?

Neben der klassischen schriftlichen Variante stehen dem Bewerber zahlreiche weitere Wege offen, um mit dem gewünschten Unternehmen schnell und unkompliziert in Kontakt zu treten. An dieser Stelle möchten wir Ihnen die beiden wesentlichen Bewerbungsformen vorstellen: die Initiativbewerbung und die Online-Bewerbung.

Die Initiativbewerbung

Sie sind gerade mit der Schule, der Ausbildung oder dem Studium fertig geworden? Oder Sie stehen schon im Berufsleben und möchten sich verändern? Versuchen Sie, durch eine Initiativbewerbung für sich zu werben! Das ist ein Weg, um Ihre Chancen auf einen neuen Arbeitsplatz deutlich zu erhöhen. Initiativbewerbungen eignen sich auch, wenn Sie ein ganz bestimmtes Unternehmen anvisiert haben.

Ganz entscheidend für eine Initiativbewerbung ist es, dass Sie sich vorher gründlich über das Zielunternehmen informieren. Nur so kann es Ihnen gelingen, auf den Bedarf und die Interessen des potenziellen neuen Arbeitgebers einzugehen und Ihren Nutzen für ihn zu formulieren. Um zu erfahren, welche Erwartungen im Allgemeinen an einen Bewerber gestellt werden, lohnt es sich immer, auch andere Stellenausschreibungen des ins Auge gefassten Unternehmens zu studieren. Wiederkehrende Anforderungen können Sie so schnell aufgreifen und in Ihrer Bewerbung berücksichtigen.

Wenn Sie sich dazu entscheiden, Initiativbewerbungen zu verschicken, brauchen Sie Geduld und Ausdauer. Es kann immer sein, dass das Unternehmen aktuell einen Einstellungsstopp hat oder keine passende Stelle frei ist. Daher müssen Sie bei dieser Vorgehensweise auch häufiger mit Absagen rechnen, selbst wenn Sie hundertprozentig in das Unternehmen passen würden. Haben Sie dennoch den Mut und zeigen Sie Initiative! Erstellen Sie jede Initiativbewerbung unternehmensorientiert und individuell. Beachten Sie dabei die folgenden Punkte:

- Versuchen Sie, einen Ansprechpartner herauszufinden. Manchmal hilft hier ein einfaches Telefonat. Vermeiden Sie Formulierungen wie „Sehr geehrte Damen und Herren", erfragen Sie lieber den Namen des Personalverantwortlichen.
- Weisen Sie immer auf Ihre speziellen Kompetenzen und Fähigkeiten hin. Zeigen Sie Ihre Qualifikationen und Ihren Nutzen!
- Schreiben Sie informativ! Langweilige, nichtssagende Anschreiben führen nicht zum Erfolg.
- Verzichten Sie darauf, Papierberge zu verschicken. Zeugnisse und alle anderen relevanten Unterlagen kann das Unternehmen bei Bedarf nachfordern. Hier gilt wieder: Der Blick fürs Wesentliche zählt!
- Seien Sie geduldig! Es dauert in der Regel fünf bis sechs Wochen, bis eine Initiativbewerbung bearbeitet ist. Die einzelnen Fachabteilungen überprüfen

sie und entscheiden erst dann, ob Sie zu einem Vorstellungsgespräch eingeladen werden.

Die Online- Bewerbung

Online-Bewerbungen liegen im Trend und werden aufgrund der stetig wachsenden Vernetzung in Zukunft weiter an Bedeutung gewinnen. Viele Unternehmen
stehen diesem Bewerbungsweg aufgeschlossen gegenüber. Vor allem bei Unternehmen der IT-Branche können Sie davon ausgehen, dass Ihre Online-Bewerbung nicht nur akzeptiert wird, sondern auch gewollt ist. Klären Sie dennoch im
Vorfeld ab, welchen Weg der Kontaktaufnahme das Unternehmen wirklich wünscht. Vermerke in Stellenanzeigen, dass eine schriftliche Bewerbung per Post
zuzusenden sei, deuten natürlich ganz explizit darauf hin, dass eine Bewerbung
über das Internet nicht angebracht ist. Bei Online-Bewerbungen können Sie verschiedene Formen unterscheiden und wählen:

- Bewerbung über die Homepage des Unternehmens mit einem Online-
  Formular
- Bewerbung über eine Jobbörse, in der Sie die Stelle gefunden haben
- Bewerbung über die Internetseite eines Personalberaters
- Bewerbung per E-Mail

Die Online-Bewerbung bietet auf den ersten Blick viele Vorteile, doch auch hier
stehen Genauigkeit und Präzision an erster Stelle. Lassen Sie sich nicht dazu
verleiten, ein schnelles, nicht gut verfasstes und wenig durchdachtes Anschreiben zu versenden. Hier gelten die gleichen Grundregeln wie bei der klassischen
Bewerbung in Papierform. Bei einer Online-Bewerbung sind die folgenden Aspekte zu berücksichtigen.

Checkliste: Habe ich alles Nötige bei meiner Online-Bewerung beachtet?	Check
Ihnen liegt eine konkrete Stellenbeschreibung vor.	
Die Online- Bewerbung ist vom Unternehmen gewünscht • Angabe einer E-Mail-adresse in der Stellenanzeige • Nach telefonischer Rückfrage bekannt	
Sie haben einen persönlichen Ansprechpartner für Ihre Bewerbung, nicht nur eine info@- Adresse	
Sie haben eine private, neutrale E-Mail- Adresse(nutzen Sie bitte keine firmeninternen E-Mail- Adressen oder eine, die Ihren Spitzna-men enthält). Idealerweise sieht Ihre E-Mail- Adresse folgendermaßen aus: vorname.nachname@anbieter.de	
Sie wissen, welche Dateiformate erwünscht sind.	

Ihre Zeugnisse und andere wichtige Bescheinigungen liegen Ihnen in digitaler Form vor.	
Sie haben ein gutes, qualitativ hochwertiges Bewerbungsfoto von sich eingescannt.	
Beigefügte Dokumente versenden Sie als pdf- Datei, damit sie ordentlich aussehen und so beim Empfänger ankommen, wie Sie sie formatiert haben.	
Ihrer Online- Bewerbung haben Sie alle Regeln einer klassischen Bewerbung zugrunde gelegt.	
Sie haben keine (!) Serienbewerbung erstellt.	

VERSCHICKEN SIE INDIVIDUELLE BEWERBUNGEN

Bewerben Sie sich immer individuell, versenden Sie auf keinen Fall „Massen-bewerbungen". Personalverantwortliche und Unternehmen möchten sehen, dass Sie ein besonderes Interesse an ihrem Unternehmen haben und nicht einfach irgendeine Stelle suchen.

Bewerbungsmuster Praktikum

Praktikum in einer Personalabteilung

Anja Paulinus bewirbt sich um ein Praktikum im Bereich Personalentwicklung

Kurzprofil der Bewerberin

- Studium: Geographie und Politik
- Weiterbildung zur Personalreferentin/Personalentwicklerin
- Erfahrung in aktiver Kundenbetreuung
- Führungserfahrung
- Sehr gute Englisch- und Spanischkenntnisse
- 38 Jahre alt

Ziel

Praktikum im Bereich Personalentwicklung und Bildungsarbeit im Rahmen der aktuellen Weiterbildung.

Strategie

Die Bewerberin bewirbt sich per E-Mail bei der Personalabteilung eines mittelständischen Unternehmens. Sie möchte Interesse als Quereinsteigerin wecken.

Von: Paulinchen@info.de

Gesendet: Sonntag, 22. Juli 2014 10:19

An: Frau Habermann

Betreff: Bewerbung um Praktikum im Bereich Personalentwicklung

Sehr geehrte Frau Habermann,

haben Sie bei Praktikanten nur an Schüler und Studenten gedacht??
Denken Sie doch mal um.

Mit 17 anderen Teilnehmern befinde ich mich zurzeit in einer Weiter-
bildung zur Personalreferentin/Personalentwicklerin – alles kompetente
Quereinsteiger. Ich selber verfüge über längere Erfahrung in der „aktiven
Kundenbetreuung" und war länger als zwei Jahre als Dozentin tätig.

Dabei konnte ich umfangreiche Serviceorientierung und Kommunikationsstärke, gepaart mit Sprachkenntnissen und multikultureller Kompetenz
aufbauen. Bei meiner zukünftigen Tätigkeit möchte ich die Methoden und
Instrumente einer modernen PE-Arbeit, die ich zurzeit kennenlerne, in
eine vielfältige Aufgabe im Bereich PE und Bildungsarbeit mit Fokus auf
dem „menschlichen Faktor" umsetzen.

Auch Fragen internationaler Bezüge interessieren mich dabei.

Von Februar bis Ende April ist ein Praktikum vorgesehen und ich freue
mich darauf, diese Herausforderung bei Ihnen annehmen zu können.

Für Nachfragen und ein persönliches Treffen stehe ich jederzeit zur
Verfügung.

Mit freundlichen Grüßen

Anja Paulinus

Anhang: CV

Kommentar zum Anschreiben von Anja Paulinus

E-Mail-Adresse

Eine solche E-Mail-Adresse hat bei offiziellen Anlässen nichts verloren. Zumindest sollte der Nachname der Bewerberin auftauchen.

Persönliche Daten

Auch bei einer Bewerbung per E-Mail sollte das Anschreiben vollständig sein und – wie sonst auch bei E-Mails üblich - am Ende des Textes die persönlichen Daten enthalten.

Betreff

Vermerken Sie im Betreff immer, auf welche Anzeige Sie sich beziehen und wo diese veröffentlicht wurde.

Formulierung und Inhalt

Mit der Formulierung „Denken Sie doch mal um" lehnt sich die Bewerberin sehr weit aus dem Fenster. Sagen Sie dem Leser nicht, er sei in seinem Denken eingeschränkt oder inkompetent. Ungünstig ist auch, dass der Empfänger andere Sätze in dieser Bewerbung mindestens zweimal lesen muss, um sie zu verstehen.

Unnötige Informationen

Die Bewerberin teilt hier Informationen mit, die für den Adressaten nicht wichtig sind. Wie viele Personen an dieser Weiterbildung teilnehmen und dass es sich um kompetente Quereinsteiger handelt, ist nebensächlich.

Formatierung und Layout

Auch ein Anschreiben per E-Mail sollte optisch gut aufbereitet sein. Zu häufige Zeilenumbrüche -dazu mitten im Satz- machen es dem Leser unmöglich, den Text flüssig zu lesen und die Inhalte zu verstehen.

Bereich

Die Bewerberin gibt leider nicht an, in welchem Bereich sie als Dozentin gearbeitet hat. Dabei wäre doch genau das sehr interessant.

Wünsche

Die Bewerberin möchte die „Methoden und Instrumente einer modernen PE-Arbeit" in einer vielfältigen Aufgabe umsetzen. Aber was möchte das Unternehmen? Hier fehlt der Bezug zur Stellenausschreibung und zum potenziellen künftigen Arbeitgeber.

SEIEN SIE AUF EINEN RÜCKRUF VORBEREITET

Wenn Sie sich bewerben, sollten Sie immer auf einen Rückruf vom angeschriebenen Unternehmen vorbereitet sein. Sorgen Sie dafür, dass Sie erreichbar sind, und halten Sie Ihre Unterlagen griffbereit. Wichtig ist, dass Sie sich bei einem solchen Telefonat erfreut zeigen, nicht überrascht.

Lebenslauf

Anja Paulinus
*13.07.1976
Freitor 52
478341 Altenberge

Berufstätigkeit

09/2011-6.2014	Weiterbildung E.V. Beratungsfachkraft für Weiterbildungsplanung Vorbereitung und Durchführung von Seminaren Einzelberatungen zu allen Themen der Weiterbildung
01/2007 -06/2008	Home Sweet Home Management einer Immobilien-Agentur Kundenbetreuung, PR, Führung von 4 Mitarbeitern
06/2005- 06/2006	International Publicity, Münster Projektassistentin und Sachbearbeiterin in der Internationalen Werbebranche
01/2004-05/2004	KGF Vermieterservice Sachbearbeiterin
02/2003-09/2003	Kleinmann Eigentümerin, später Teilhaberin einer Vermieter-Agentur Personalverantwortung
10/2002- 01/2003	Harald Immobilie Management des Aufbaus einer Immobilienagentur Kundenwerbung und Personalauswahl

Kommentar zum Lebenslauf von Anja Paulinus

Kopfzeile und Daten

Beim Lebenslauf gilt das Gleiche wie beim Anschreiben, Sie können auch hier die persönlichen Daten in einer Kopfzeile unterbringen. Übertreiben Sie dabei nicht mit der Größe der Schrift. Das Geburtsdatum sollte nicht zwischen dem Namen und der Adresse platziert werden und statt des Sternchens wäre die Angabe „geb. am" besser gewesen.

Genauigkeit und Rechtschreibung

Achten Sie auf Fehler in den Datenangaben sowie auf Rechtschreibfehler. Derartige Mängel bringen Ihnen beim Personaler unabhängig von Ihrer Qualifikation schnell Minuspunkte ein.

Formatierung

Grundsätzlich gilt: Die Datumsangaben müssen über die Bewerbung hinweg von der Form her gleich gehalten werden. Bei Frau Paulinus finden sich einige verrutschte „bis"-Striche, wodurch das Gesamtbild ungleichmäßig erscheint. Zudem sollte die Bewerberin auf eine deutliche Trennung zwischen dem Name des Unternehmens, ihren Aufgaben und der Bezeichnung der Stelle achten.

Lücken im Lebenslauf

Eine Lücke von zwei Monaten mag noch normal sein, allerdings weist der Lebenslauf deutlich mehr und auch längere nicht begründete Lücken auf. Diesen schweren Fehler gilt es zu vermeiden. Wenn Sie für die Zeiträume wahrheitsgemäß angeben, was Sie tatsächlich getan haben, vermeiden Sie negative Spekulationen.

Informationen zur Stelle

Sie sollten nicht nur den Namen des Unternehmens, in dem Sie gearbeitet haben, angeben, sondern auch die Stadt, in der sich das Unternehmen befindet. Außerdem fehlen nähere Angaben zu den Tätigkeiten der Bewerberin.

DARAUF IST BEI BEWERBUNGEN ZU ACHTEN

Vermeiden Sie das Formatieren mit Leerzeichen oder Tabulatoren. Die Zuordnungen verschieben sich zu leicht und dann wirkt Ihre Bewerbung schnell unprofessionell. Einen guten Eindruck hinterlässt eine klare und einfache Formatierung mit Tabellen. Zu bevorzugen sind Schrifttypen wie Arial (eher modern) oder Times (eher klassisch). Beim Versenden einer Bewerbung per E-Mail sollten Sie die Anhänge in lesbaren Formaten mitschicken. Am besten eignen sich hierfür Word- oder pdf-Dokumente.

Klären Sie im Vorfeld einer Bewerbung genau ab, welche Art der Kontaktaufnahme Ihr Wunschunternehmen bevorzugt. Sind Angaben dazu in Ihrer Bezugsquelle (zum Beispiel Stellenausschreibung/Anzeige) angegeben, sollten Sie sich unbedingt danach richten. Wünscht das Unternehmen ausdrücklich Bewerbungen auf dem Postweg, dann schicken Sie keine Online-Bewerbung los!

Weiterbildungen

Seit 06/2010   IKL TRAINING
                            Personalentwicklung
                            Schwerpunkt Personalentwicklung und
                            Personalauswahl

06/2008 -06/2009   LHF Düsseldorf
                            Personalauswahl für Spanien
                            Praktika in Düsseldorf und Madrid

Studium

10/1995- 02/2002   Geographie und Politik in Essen
                            Abschluss: Diplom

Besondere Kenntnisse

                            Englisch, Spanisch: sehr gut in Wort und
                            Schrift
                            Französisch: gut in Wort und Schrift
                            EDV: Word und Excel gut

Auslandserfahrung

                            mehrmonatige Studien- und
                            Arbeitsaufenthalte in Paris
                            (sechsmal) und Madrid (fünf Monate)
                            Längere Aufenthalte in Bolivien
                            Reise durch Lateinamerika

Kommentar zum Lebenslauf von Anja Paulinus

Firmennamen ausschreiben

Es ist besser, Firmennamen auszuschreiben. Eine Bezeichnung wie „LHF Düsseldorf" mag einem Insider reichen, dem Personalverantwortlichen wird hingegen nicht deutlich, um welche Firma es sich handelt.

Schulausbildung

Auch wenn ein Diplom das Abitur voraussetzt, sollte dennoch der Zeitraum der weiterführenden Schulausbildung im Lebenslauf mit aufgenommen werden. Die Grundschule lassen Sie hingegen ruhig weg, wenn Sie bereits berufliche Erfahrung vorweisen können.

Studienort

Nennen Sie beim Studium nicht nur den Studienort, sondern auch die Art der Hochschule (zum Beispiel Fachhochschule oder Universität).

Auslandserfahrungen

Bei genauer Zeitangabe der Auslandsaufenthalte können im Lebenslauf erscheinende Lücken positiv dargestellt und auf diesem Weg gesammelte Erfahrungen dem Unternehmen verdeutlicht werden.

Gesamteindruck

Diese E-Mail-Bewerbung ist unvollständig. Im Anschreiben fehlen sämtliche Informationen bezüglich der persönlichen Daten der Bewerberin. Neben der E-Mail-Adresse sollten der vollständige Name, die Adresse, die Telefonnummer und, soweit vorhanden, auch die Mobilfunknummer angegeben sein.

Insgesamt wirkt das Anschreiben, als ob die Bewerberin „eines für alle" geschrieben und lediglich den jeweiligen Namen des Ansprechpartners ausgetauscht hätte. Da sie nicht zur klassischen Zielgruppe der Praktikanten gehört (Schüler und Studenten), wählt sie den richtigen Ansatz, den Leser für sie als Quereinsteigerin zu interessieren. Die von ihr gewählten Formulierungen sind allerdings zu belehrend. Wünschenswert wäre es gewesen, wenn sie die aufgezählten Stärken und Kompetenzen noch in einen Zusammenhang mit der Position oder dem Unternehmen gebracht hätte. So hätte der Leser den unmittelbaren Nutzen der Bewerberin für das Unternehmen deutlicher vor Augen.

Der Lebenslauf zeigt, dass der bisherige Lebensweg der Bewerberin eher wechselhaft als geradlinig und fokussiert ist. Es gibt keine klare Linie und Orientierung im Werdegang. Studium und Berufstätigkeit passen nicht zusammen. Aufgrund der vielen Wechsel in ihrem Lebenslauf (Immobilien, Werbung und Personal) stellt sich die Frage, was die Bewerberin eigentlich will. Des Weiteren tragen zeitliche Lücken zwischen einzelnen beruflichen Stationen nicht zu einem positiven Bild von der Bewerberin bei. Insgesamt ist dies eine Bewerbung, die keinen Personalverantwortlichen überzeugen wird.

ERST DENKEN, DANN HANDELN

Online-Bewerbungen scheinen auf den ersten Blick viele Vorteile zu bieten, wodurch sich so mancher Bewerber dazu verleiten lässt, schnell verfasste und nicht gut durchdachte Unterlagen an alle möglichen Unternehmen zu versenden. Online-Bewerbungen unterliegen jedoch den gleichen Regeln und Anforderungen wie die klassische Bewerbung in Papierform. Und wahllos versendete Blindbewerbungen sind für keinen Personalentscheider eine Freude, sie versprechen kaum Erfolg.

Stellenanzeige

Firma: KHR Managementberatung GmbH

Sitz: Köln

Branche: Managementberatung

Beschreibung des Unternehmens

Wir sind ein bewährtes Unternehmen im HR-Management. Professionell beraten und betreuen wir unsere Kunden in der sich wandelnden Wirtschaftswelt. Unsere Arbeitsschwerpunkte liegen in Personalentwicklung, Diagnostik, Coaching, Aus- und Weiterbildung und Change-Management. Dabei entwickeln wir für jedes Unternehmen ein passgenaues Konzept und führen somit zu Effizienz und Erfolg.

Aufgaben

Bei uns können Sie Einblicke in verschiedene Prozesse und Phasen der Management- und HR-Beratung bekommen, u. a. bezüglich verschiedener Personalentwicklungsinstrumente. Dabei arbeiten Sie im Team aktiv an Kundenprojekten mit, zum Beispiel bei der Entwicklung neuer Trainingskonzepte. Sie bereiten Seminare vor und fahren als Begleitung mit zu Kundenmeetings und Workshops. Sie bekommen Ihren Kompetenzen entsprechend Verantwortung übertragen und haben immer Ansprechpartner im Team.

Anforderungen

Sie studieren Psychologie, Pädagogik oder Betriebswirtschaftslehre mit Schwerpunkt Human Resources im Hauptstudium.

Eigeninitiative und Flexibilität zählen zu Ihren Stärken, ebenso kundenorientiertes Denken und Handeln. Sie arbeiten gerne in einem Team, übernehmen dabei auch gerne eigenverantwortlich Aufgaben. Sie können sicher mit den gängigen PC-Programmen (Word, Excel, PowerPoint) umgehen und beherrschen die englische Sprache in Wort und Schrift.

Kontakt: KHR Managementberatung GmbH

Herr Lausmann

Severinstr. 26

51063 Köln

Tel. 0221/2736482

E-Mail: Lausmann@KHR.de

Diese Stellenanzeige liegt der nachfolgenden Bewerbung zugrunde.

Praktikum in einer Personal- und Unternehmensberatung:

Sabine Renkewitz bewirbt sich bei der
KHR Managementberatung GmbH

Kurzprofil der Bewerberin

- Studium: Internationale Betriebswirtschaftslehre an der internationalen Management-Schule Köln
- Dreimonatiges Projektpraktikum in einer Personal- und Managementberatung
- Auslandssemester und Praktikum in einer Personalabteilung in Italien
- Besondere Interessen: Personalstrategie und Instrumente
- Spricht fließend Italienisch
- 23 Jahre alt

Ziel

Beratende Tätigkeit im Personalbereich mit dem Schwerpunkt Strategie.

Strategie

Die Bewerberin bewirbt sich schriftlich auf eine Stellenanzeige der Managementberatung. Sie will mit Interesse und Motivation überzeugen und ihren Nutzen für das Unternehmen herausstellen.

Sabine Renkewitz, Uferstraße 6, 50856 Köln
Tel.: 0221 2937781

KHR Managementberatung GmbH
Herr Lausmann
Severinstr. 26
51063 Köln

Köln, 30.09.2014

Bewerbung um ein Praktikum

Sehr geehrter Herr Lausmann,

als Studentin der internationalen Betriebswirtschaft an der Management-Schule in Köln bewerbe ich mich bei Ihnen um ein Praktikum von Februar bis April 2015.

Nach dem Abschluss meines Grundstudiums mit dem Vordiplom habe ich ein Semester in Pescara, Italien, verbracht. Im Moment absolviere ich ein Praktikum in der Personalabteilung von „il supermercato", Italien. Meine Hauptaufgabe besteht darin, die Personalzufriedenheit im Unternehmen zu erfassen. Diese Aufgabe ermöglicht es mir, mich mit der Arbeit in einer Personalabteilung auseinanderzusetzen und die unternehmenspolitische Lage zu erkennen.

Ihr Unternehmen erscheint mir für die Durchführung eines Praktikums sehr geeignet. Besonderes Interesse habe ich an dem Bereich Personal-strategie und -instrumente. Aufgrund der beratenden Tätigkeit Ihres Unternehmens könnte ich verschiedene Problemstellungen im Personal-bereich eines Unternehmens kennenlernen und die Folgen für das Unter-nehmen analysieren. Die Entwicklung verschiedener Lösungsansätze sehe ich als spannende Herausforderung.

Mit mir gewinnen Sie eine motivierte Praktikantin, die anspruchsvolle Aufgaben nicht scheut und fähig ist, selbstständig zu arbeiten. Außerdem begeistere ich mich für psychologische Themen.

Das Praktikum von mindestens 3 Monaten findet zwischen dem 6. und 7. Semester statt. Ziel ist es, ein eindeutig definiertes Projekt durchzuführen, welches den Hauptteil der Arbeitszeit ausmacht. Gerne gebe ich Ihnen weitere Auskünfte und freue mich über eine Einladung zu einem Gespräch.

Mit freundlichen Grüßen

Sabine Renkewitz

Kommentar zum Anschreiben von Sabine Renkewitz

Kopfzeile und persönliche Daten

Ein Anschreiben sollte auf den ersten Blick nett und ansprechend gestaltet sein. Dies wird zum Beispiel durch eine Kopfzeile erreicht, in der die persönlichen Daten untergebracht sind.

Betreff

Die Betreffzeile sollte immer die genaue Bezeichnung der Stelle enthalten. Des Weiteren ist es insbesondere für große Unternehmen wichtig, auf den ersten Blick zu erkennen, auf welche Anzeige sich die Bewerberin bezieht. (oftmals werden in der Anzeige Stellencodes oder Kennziffern angegeben) und wo sie die Anzeige gefunden hat (zum Beispiel Internet, Zeitung).

Formatierung

In ihr Anschreiben hätte die Bewerberin besser einige Silbentrennungen eingefügt, dann hätte es auf den ersten Blick nicht gar so unruhig gewirkt. Wenn sie zudem die Betreffzeile fett formatiert hätte, würde das Anschreiben noch einmal strukturierter wirken.

WICHTIGE GRUNDREGELN KENNEN UND TRAINIEREN

Es gibt einige Grundregeln, die Sie zur Überprüfung des von Ihnen formulierten Anschreibens nutzen können:

- Der Sprachstil ist freundlich, werbend und ansprechend.
- Der Text ist leicht zu lesen und eingängig.
- Der Text macht deutlich, dass Sie es verstehen, sich auf das Wesentliche zu konzentrieren.
- Alle Aussagen beziehen sich auf den genannten Bedarf des Unternehmens.
- Sie behaupten nicht nur, dass Sie etwas können, sondern beweisen es oder begründen es zumindest.

Sie stellen den Nutzen, den Sie dem Unternehmen bieten, in den Vordergrund.

Persönliche Daten

Sabine Renkewitz
Uferstr. 6
508566 Köln
Tel.: 0221/2937781

E-Mail: Sare@ökl.com

            Geburtsort: Engelskirchen
            Familienstand: ledig

Geburtsdatum: 15.8.1991

Ausbildung

09/12–12/12	St. Sebastian di Abbruzo (Scuola comerciale) Pescara – Italia Auslandsemester
seit 03/11	Internationale Management-Schule Köln Internationale Betriebswirtschaftslehre
10/08-02/11	Universität Essen Studium: Marketing-Management

Praktische Tätigkeiten

seit 01/14	MART, Italia il supermercato Praktikum in der Personalabteilung - Erfassung der Personalzufriedenheit - Mitwirkung bei der Personalauswahl
10/12-06/13	SU Consulting Studentische Unternehmensberatung Projekte: - Jansen AG Marktforschungsprojekt im Zusammenhang mit der LOG
07/12-08/12	Automobil GmbH, Stuttgart Praktikantin im Managementbüro der Produktion - Mitwirkung an der Entwicklung und Präsentation eines neuen Strategie-Instruments

Kommentar zum Lebenslauf von Sabine Renkewitz

Genauigkeit

Rechtschreib- und/oder Flüchtigkeitsfehler hinterlassen beim Personalleiter einen negativen Beigeschmack. Eine Zahl zu viel in der Postleitzahl, vergessene Punkte oder Doppelpunkte sind Fehler, die sich durch aufmerksames und mehrmaliges Durchlesen ganz leicht vermeiden lassen. Im Zweifel sollten Sie Ihre Bewerbungsunterlagen von Freunden oder von Bekannten nachlesen lassen, bevor Sie sie verschicken.

Schriftbild

Was möchte die Bewerberin durch die fett gedruckte E-Mail-Adresse mitteilen? Dass sie per E-Mail besser zu erreichen ist? Nutzen Sie lieber das gleiche Format wie bei der restlichen Anschrift, denn die E-Mail-Adresse gehört dazu.

Formatierung

Der Bereich der persönlichen Daten ist voll-kommen uneinheitlich formatiert. Der „Familienstand" wirkt wie zuerst vergessen und später noch schnell eingefügt. Hiermit tut sich die Bewerberin keinen Gefallen. Gleiches gilt für die Formatierung im Bereich der „Praktischen Tätigkeiten". Auch hier scheint es, als ob die Bewerberin entweder keine große Lust hatte, sich Mühe zu geben, oder nicht mit den Formatierungen umgehen kann.

Unklarheiten

Warum war die Bewerberin nur vier Monate an der Universität Essen? War dies vielleicht nur ein Zeitfüller bis zum Beginn der Ausbildung an der Internationalen Managementschule in Köln? Hier lässt die Bewerberin den Leser im Unklaren.

Kundennamen

Nennen Sie möglichst keine Kundennamen im Lebenslauf. Hier wäre es besser gewesen, zum Beispiel von „einer großen deutschen Krankenkasse" zu sprechen, als deren Namen (LOG) explizit zu nennen. Nicht jedes Unternehmen freut sich, wenn andere erfahren, mit welchen Beratungsfirmen sie zusammenarbeiten.

08/08-06/11	St. Johanna Krankenhaus, Engelskirchen Servicekraft in der Cafeteria
04/08-02/13	Buchholz- Kunststoff- Formgebung GmbH Verwaltung: diverse Arbeiten

Sprachliche Kenntnisse

Englisch: sehr gut
Italienisch: fließend
Französisch: gut

Computerkenntnisse

MS Office (Access, Excel, Power Point, Word), Internet

Engagement

Mitglied des Bundes deutscher Studenten	Organisation und Durchführung von Präsentationen
Teilnahme an Wahlkursen	Kommunikationstechniken Internationales Management
Workshop Bodo Kegel	Thema: „Management in Deutschland"
5.Tagung der FH Mönchengladbach	Thema: „Globalisierung der Weltwirtschaftsmärkte"

Erfolgreiche Teilnahme am Unternehmensplanspiel „MOPS- Strategisches Planen"

Interessen

Sport (Badminton, Fußball), Reiten

Köln, 30.09.2014

Kommentar zum Lebenslauf von Sabine Renkewitz

Computerkenntnisse

Die Bewerberin verschweigt, wie ausgeprägt ihre Computerkenntnisse sind. Es kann alles Mögliche gemeint sein von „Ich habe davon gehört" über „Ich habe damit gearbeitet" bis hin zu „Ich beherrsche die Programme perfekt".

Erfolgreiche Teilnahme

Was bedeutet „erfolgreich"? Hat die Bewerberin einen der ersten Plätze unter zehn oder tausend Teilnehmern belegt? Die Formulierung „erfolgreiche Teilnahme" ist sehr unklar und sollte auf jeden Fall näher erklärt werden.

ZEITLICHE LÜCKEN IM LEBENSLAUF

Bei größeren zeitlichen Lücken (ab drei bis vier Monaten) ist es wichtig, dass Sie sinnvoll und schlüssig erklären, was Sie in dieser Zeit getan haben. Überprüfen Sie, ob Sie in dieser Zeit nicht irgendwelchen sinnvollen Aktivitäten nachgegangen sind. Zeiten der Arbeitsplatzsuche benennen Sie zum Beispiel mit „arbeitssuchend". Erwähnen Sie auch Erziehungszeiten und Auslandsaufenthalte.

„Lücken" im Lebenslauf positiv darstellen

Denken Sie über die Zeiten nach, die in Ihrem Lebenslauf nicht angegeben sind.			Was haben Sie gemacht?
Hatte ich in dieser Zeit einen Nebenjob?	Ja Nein	O O	
Habe ich an einem Projekt gearbeitet?	Ja Nein	O O	
Habe ich an einem Projekt mitgearbeitet?	Ja Nein	O O	
Habe ich Tätigkeiten ohne Bezahlung für Familienmitglieder und Bekannte durchgeführt?	Ja Nein	O O	
Habe ich irgendwie selbstständig gearbeitet?	Ja Nein	O O	
Habe ich ein privates Projekt erledigt (zum Beispiel Hausbau, Umbau, etc.?)	Ja Nein	O O	
Habe ich an Weiterbildungen wahrgenommen?	Ja Nein	O O	
Habe ich Kurse oder Vorträge besucht?	Ja Nein	O O	
War ich eventuell als Gasthörer an einer Hochschule eingetragen?	Ja Nein	O O	
Bin ich während der Zeit meinen Ehrenämtern verstärkt nachgegangen?	Ja Nein	O O	
Hab ich vielleicht soziale oder karitative Aufgaben übernommen?	Ja Nein	O O	

Gesamteindruck

Da die Bewerberin das Layout des Anschreibens etwas vernachlässigt hat, wirkt es unaufgeräumt. Positiv ist aber, dass sie nicht die ganze Zeit nur von sich spricht, sondern auch die Interessen des Unternehmens beachtet. Sie beschreibt, welche ihrer Kompetenzen sie dort einbringen kann. Allerdings schreibt sie etwas an der Stellenausschreibung vorbei, denn von Personalstrategie ist darin nicht die Rede. Falls vorhanden, sollte die Bewerberin neben Namen, Anschrift und Telefonnummer auch ihre Mobilfunknummer und ihre E-Mail-Adresse angeben.

In der nachfolgenden Checkliste finden Sie ein paar Fragen, die Ihnen bei der Formulierung Ihres Anschreibens helfen können.

Arbeitsblatt: Hilfreiche Fragen zum Anschreiben

Fragen	Notizen
Was ist das Interesse des Einstellenden?	
Wie kann ich verdeutlichen, dass ich zur Zielerreichung beitrage?	
Welche möglichen Aussagen sind interessant und wichtig?	
Wie kann ich verdeutlichen, dass ich zur Position und zum Unternehmen passe?	
Wie erfülle ich die Anforderungen?	
Warum passe ich auf die ausgeschriebene Stelle?	

Insgesamt zeugt der Lebenslauf auf den ersten Blick von wenig Mühe. Dies ließe sich durch eine gelungene Formatierung leicht beheben. Inhaltlich gesehen könnten einige Bereiche stärker ausformuliert werden, sodass ein aussagekräftiges Bild entsteht. Besonders zu ihrem Studium hat sich die Bewerberin zu kurz gehalten. Der Leser möchte bei Praktikanten erfahren, welche Studienschwerpunkte sie haben. Auch damit können sie eine inhaltliche Brücke zu den in der Stellenanzeige genannten Tätigkeiten und geforderten Kenntnissen bauen.

Insgesamt wird die Bewerbung vor allem wegen des schwachen Layouts und der Fehler ein Dienstleistungsunternehmen wie diese Personal- und Unternehmensberatung wohl kaum überzeugen.

Bewerbungsmuster Ausbildung

Ausbildung zum Bankkaufmann:

Peter Freising bewirbt sich bei der Jahris Bank AG

Kurzprofil des Bewerbers

- Angestrebter Schulabschluss: Abitur im Sommer 2015
- Zweimonatiges Betriebspraktikum bei einem Kreditinstitut
- Gute Kenntnisse in Word
- Interessiert sich für Wirtschaftszeitungen
- 19 Jahre alt

Ziel

Ausbildungsplatz als Bankkaufmann.

Strategie

Der Bewerber bewirbt sich schriftlich bei einer Bank und bemüht sich frühzeitig (ein Jahr im Voraus) um einen Ausbildungsplatz.

Peter Freising   Köln, den 30.09.2014
Jungbrunnenweg 39
50859 Köln
Tel.: (0221) 84934

Vorstand der
Jahris Bank AG
Frau Direktorin Kluge
Postfach 3 94 02
51063 Köln

Bewerbung um einen Ausbildungsplatz als Bankkaufmann

Sehr geehrte Frau Direktorin Kluge,

hiermit bewerbe ich mich um einen Ausbildungsplatz als Bankkaufmann.

Zurzeit besuche ich das Lothar-Homburg-Gymnasium in Köln, das ich im Sommer nächsten Jahres mit dem Abitur verlassen werde.

Letztes Jahr habe ich ein zweimonatiges Betriebspraktikum bei einem Kreditinstitut absolviert. Hier hatte ich die Möglichkeit, die Arbeitsbereiche eines Bankkaufmanns kennenzulernen. Besonders der Umgang mit Menschen hat mir gut gefallen. Ich bevorzuge selbstständiges Arbeiten und übernehme gerne Verantwortung.

Für eine persönliche Vorstellung stehe ich jederzeit gerne zur Verfügung.

Mit freundlichen Grüßen

Peter Freising

Kommentar zum Anschreiben von Peter Freising

Datum

Das Datum sollte rechtsbündig entweder in der Zeile der Ortsangabe des Unternehmens oder eine Zeile darunter stehen.

Betreff

Wenn die Betreffzeile fett gedruckt wird, wirkt sie klarer.

Anrede

Der Titel „Direktorin" gehört nicht mit in die Anrede.

Einleitung

Dass sich Herr Freising um einen Ausbildungsplatz als Bankkaufmann bewirbt, weiß der Leser bereits aus der Betreffzeile. Vermeiden Sie Sätze wie: „Hiermit bewerbe ich mich um ..." Beziehen Sie sich besser auf die Anzeige, falls Sie sich auf eine solche bewerben, oder auf ein vorangegangenes Telefonat. So wird dem Leser klar, dass Sie sich Mühe gegeben haben.

Bezug zum Unternehmen

Herr Freising stellt leider nicht ein einziges Mal einen Bezug zum Unternehmen her. Es ist immer besser, sich zuvor mit dem Unternehmen, bei dem man sich bewirbt, auseinanderzusetzen und näher zu befassen. Beschäftigen Sie sich vorab mit Fragen wie: „Welche Art von Bewerber sucht das Unternehmen?" oder: „Werde ich diesen Anforderungen gerecht?". Wenn Sie gute Antworten darauf gefunden haben, können Sie sich im Anschreiben positiv darstellen.

Überzogene Aussage

Eine Aussage wie: „Ich bevorzuge selbstständiges Arbeiten und übernehme gerne Verantwortung" wirkt für einen Schüler ohne jegliche Berufserfahrung etwas überzogen.

LEBENSLAUF

Persönliche Daten

Name:	Ich heiße Freising,
Vorname:	Peter. Bin am
Geburtstag:	12.06.1995 in
Geburtsort:	Köln geboren. Ich lebe zur Zeit ohne Familie, bin also
Familienstand:	ledig. Ich komme aus Deutschland, meine
Staatsangehörigkeit:	ist deutsch. Ich wohne im
Straße:	Jungbrunnenweg 39, in
Wohnort:	50859 Köln. Mein
Telefon:	hat die Rufnummer (0221) 84934, mein
Fax:	die Nummer (0221) 84935. Meine
E-Mail:	lautet Peterle@oske.de.

Schulischer Verlauf

2005–2014	Lothar-Homburg-Gymnasium in Köln. Sicherer Abschluss wird das Abitur sein.
2001–2005	Katholische Grundschule in Köln

Kommentar zum Lebenslauf von Peter Freising

Überschriften

Um für bessere Lesbarkeit zu sorgen, wäre es sinnvoll, die Überschriften hervorzuheben. So kann der Leser direkt die für ihn wichtigsten Abschnitte erkennen und muss sich nicht erst durch den ganzen Lebenslauf arbeiten.

Text/Formatierung

Dieser Lebenslauf wahrt zwar äußerlich die tabellarische Form, entpuppt sich aber bei näherem Betrachten als Fließtext. Damit tut der Bewerber sich und dem Leser keinen Gefallen. Verfassen Sie Ihren Lebenslauf grundsätzlich tabellarisch, es sei denn, es wird ausdrücklich anders gewünscht – das kommt heutzutage jedoch selten vor.

E-Mail-Adresse

Geben Sie bei einer Bewerbung nie eine E-Mail-Adresse an, die einen Spitznamen oder Ähnliches enthält.

Formulierung

Vermeiden Sie Formulierungen wie „sicherer Abschluss". Sie wissen nie, was tatsächlich passieren wird. Benutzen Sie stattdessen lieber „voraussichtlicher Abschluss".

BESCHRÄNKEN SIE SICH AUF WICHTIGE INFORMATIONEN

Für Ihr Anschreiben und Ihren Lebenslauf überlegen Sie im Vorfeld – auch anhand der Stellenausschreibung –, welche Informationen wichtig und welche eher nebensächlich für die Stelle sind. Weniger ist hier manchmal mehr. Das Wichtigste und Entscheidungsrelevante gehört in das Anschreiben und wird im Lebenslauf oder auf der „dritten Seite" vertieft.

Praktische Erfahrungen

07/2012–09/2012   Berufspraktikum bei einem Kreditinstitut.

Hier habe ich einen Bankkaufmann ständig bei seiner Arbeit begleitet. Eingaben
von Kundeninformationen und auch Bürotätigkeiten wurden von mir verrichtet.

PC-Wissen

Word: Sehr gute Kenntnisse, arbeite im privaten Bereich stets mit diesem Programm.

Excel: Gute Kenntnisse

PowerPoint: Gute Kenntnisse

Hobbys: Fußball: spiele beim FC Kölner Kicker

Radfahren und Lesen (u.a. die
Financial-Zeitung und die Wirtschafts-
Zeitung)

Köln, den 30.09.2014

Peter Freising

Kommentar zum Lebenslauf von Peter Freising

Tätigkeiten

Das Eingeben von Kundeninformationen sowie Bürotätigkeiten sind Aufgaben, die jeder Praktikant verrichten muss. Seien Sie bei Ihrer Bewerbung kreativ und überlegen Sie, welche Tätigkeiten Sie verrichtet haben, die aus diesem Bereich herausfallen. Stellen Sie detaillierter dar, ob Sie vielleicht an Projekten mitgearbeitet haben, die Sie aus der Masse herausheben

Unnötige Informationen

Eine Aussage wie „... arbeite im privaten Bereich stets mit diesem Programm" ist hier fehl am Platz. Es reicht, wenn Sie angeben, dass Ihre Kenntnisse sehr gut sind. Alles andere kann im Vorstellungsgespräch erwähnt werden.

Hobbys

Geben Sie ruhig an, dass Sie Fußball spielen, aber nähere Angaben dazu sind unnötig. Gleiches gilt für die Angabe, welche Zeitungen Sie lesen. Dies sind Dinge, die Sie auf Nachfrage im Vorstellungsgespräch anführen können.

EIN POSITIVER GESAMTEINDRUCK ZÄHLT

Überzeugt der erste optische Eindruck, dann überfliegt der Leser die Unterlagen. Bei diesem ersten Querlesen sucht er nach für ihn wichtige und aussagekräftige Informationen. Nur wenn er interessante Fakten findet, wird er die Unterlagen ausführlicher lesen.

Gesamteindruck

Auf den ersten Blick wirkt das Anschreiben etwas kurz und stellt wenig Bezug zum Unternehmen her. Es scheint ein Standardanschreiben zu sein, bei dem nur die Adressaten ausgetauscht wurden. Geben Sie sich Mühe, jedes Anschreiben individuell zu gestalten, denn das ist der erste Eindruck, den Sie hinterlassen. Herr Freising könnte zum Beispiel gut darauf eingehen was ihn an der Ausbildung interessiert. Neben dem eher oberflächlich wirkenden Argument „Umgang mit Menschen" wären branchen- oder gar bankspezifische Argumente zielführender. Erst recht, da er sich auf einen Ausbildungsplatz bewirbt, der sicher stark nachgefragt ist.

Falls vorhanden, hätte im Anschreiben noch die E-Mail-Adresse und die Mobilfunknummer angegeben werden können – möglichst verpackt in eine Kopfzeile. So hätte das Anschreiben auf den ersten Blick noch ansprechender gewirkt.

Der Lebenslauf wirkt nur auf den allerersten Blick annehmbar. Sobald man zu lesen beginnt, entsteht der Eindruck, dass sich der Bewerber im Vorfeld kaum informiert haben kann, wie ein Lebenslauf zu gestalten ist. Der Wunsch aufzufallen – sollte dies das Motiv für die gewählte Variante sein – geht beim Lebenslauf fast immer nach hinten los. Halten Sie sich beim Aufbau Ihres Lebenslaufs lieber an die konventionellen Vorgaben. Zu viel Individualität ist hier nicht gefragt. Fallen Sie lieber im An-schreiben und natürlich im Gespräch durch etwas Besonderes auf.

FORMALIEN FÜR MEINEN LEBENSLAUF

Klare Struktur und einheitlicher Aufbau festgelegt	O
Zweispaltige Struktur gewählt	O
Text gleichmäßig auf alle Seiten verteilt	O
Datumsangabe linksbündig formatiert	O
Nicht mehr als 30 Zeilen pro Seite zugelassen	O
Leicht lesbaren Schrifttyp verwendet	O
Nur einen Schrifttyp verwendet	O
Leicht lesbaren Schrifttyp verwendet	O
Gliederungsebenen durch größere Schrift und/oder Fettsatz hervorgehoben	O
Einzeiligen Zeilenabstand eingestellt	O

Einzelne Gliederungspunkte durch zwei, Schwerpunkte innerhalb einer Lebenslaufstation durch eine Leerzeile voneinander getrennt	O
Einheitliche Absatzformate gestaltet	O
Einheitliche Formatierung hinsichtlich der Absatzausrichtung, bei Blocksatz auf Textverteilung geachtet	O
Ansprechende Kopfzeile gestaltet	O
Text nicht zu eng und gedrängt geschrieben	O
Keine Rechtschreib- und Formatierungsfehler gefunden	O

Ausbildung zum Steuerfachangestellten:

Ingmar Borges bewirbt sich beim Steuerbüro Hansemann

Kurzprofil des Bewerbers

- Angestrebter Schulabschluss: Abitur im Sommer 2014
- Sehr gute PC-Kenntnisse
- Nachhilfelehrer für Mathematik
- 18 Jahre alt

Ziel

Der Bewerber strebt einen Ausbildungsplatz als Steuerfachangestellter an.

Strategie

Der Bewerber bewirbt sich schriftlich bei einem Steuerbüro und will vermitteln, dass er sich bei seiner Berufswahl ganz sicher ist.

Ingmar Borgers
Talheimstraße 48
48739 Legden
Tel.: 02566 83293

Legden, den 20.05.2014

Steuerbüro Hansemann
Personalabteilung
Regiostraße 58
48739 Legden

Bewerbung um den Ausbildungsplatz zum Steuerfachangestellten

Sehr geehrte Damen und Herren,

nachdem ich mit einem Freund über seinen Beruf als Steuerfachangestellter ge-
sprochen habe, habe ich mich dazu entschlossen, diesen Ausbildungsweg auch zu
gehen.

Vor einiger Zeit habe ich dann begonnen, mich über diesen Ausbildungsberuf zu
informieren, und habe noch einiges an Informationen über den Beruf eines Steuerfachangestellten bekommen. Seitdem bin ich mir sicher, dass es das ist, was ich
machen möchte.

Als Leistungskurs habe ich Mathematik gewählt, was zu meinen Lieblingsfächern
gehörte, auch dieses Interesse passt zum Berufsbild. Da mir der Umgang mit Menschen und Gesetzen ebenfalls gefällt und man in diesem Beruf immer wieder mit
Änderungen des Gesetzes arbeiten muss, wodurch man nie auslernt, finde ich ihn
sehr herausfordernd und interessant.

Ein weiterer Punkt, der für diesen Beruf spricht, ist die Aussicht, nach längerer Tätigkeit als Steuerfachangestellter die Prüfung zum Steuerberater zu absolvieren.

Voraussichtlich werde ich im Jahr 2014 mein Abitur bestehen und ich würde mich wirklich sehr freuen, wenn ich daran anschließend in Ihrem Unternehmen eine Ausbildung
zum Steuerfachangestellten beginnen könnte.

Es wäre schön, wenn Sie mir eine Chance geben würden und meine Bewerbung
berücksichtigen. Zu einem persönlichen Kennenlernen stehe ich jederzeit zur Verfügung.

Mit freundlichen/herzlichen Grüßen

Ingmar Borgers

Kommentar zum Anschreiben von Ingmar Borgers

Layout

Das Layout wirkt sehr langweilig und wenig kreativ. Durch eine Kopfzeile, in der die persönlichen Daten untergebracht sind, sähe dieses Anschreiben schon ganz anders aus. Probieren Sie verschiedene Variationen aus.

Datum

Das Datum steht an der falschen Stelle. Platzieren Sie das Datum rechtsbündig eine Zeile unter der Ortsangabe des Empfängers. Sollte Ihr Anschreiben sehr ausführlich sein, dann können Sie das Datum alternativ rechtsbündig in der Zeile des Ortes angeben.

Betreff

Drucken Sie den Betreff fett und geben Sie, falls Sie sich auf eine Anzeige hin bewerben, hier auch Fundort und -datum der Anzeige an. So weiß der Leser, um welche Stelle es sich genau handelt. Dies ist vor allem in größeren Firmen von Vorteil, wenn Sie vermeiden wollen, dass Ihre Bewerbung nicht erst durch die verschiedenen Abteilungen gereicht wird, bis sie beim eigentlichen Adressaten ankommt.

Anrede

Bemühen Sie sich immer darum, einen persönlichen Ansprechpartner zu finden. Sollten Sie dessen Namen nicht aus der Stellenanzeige herauslesen können, rufen Sie im Unternehmen an und fragen Sie nach, an wen Sie Ihre Bewerbung zu richten haben. Damit zeigen Sie Interesse und Motivation.

Formulierung

Einige Formulierungen sind sehr plump gewählt. Hier wäre es besser, etwas formeller an die Sache heranzugehen. Auch der Schlusssatz klingt eher nach „Betteln" um einen Ausbildungsplatz. Hier einige Beispiele für eine gelungenere Formulierung:

„Im Sommer 2014 werde ich meine Schulausbildung voraussichtlich mit dem Abitur beenden. Der 1. August 2014 könnte somit mein erster Arbeitstag in Ihrem Unternehmen sein."

„Da der Beruf als Steuerfachangestellter genau der Beruf ist, den ich mir für meine Zukunft vorstelle, freue ich mich über eine positive Antwort Ihrerseits und stehe Ihnen gerne für ein persönliches Gespräch zur Verfügung."

Grußformel

Die Grußformel lautet klassisch „Mit freundlichen Grüßen".

LEBENSLAUF

Persönliche Daten

Ingmar Borgers

geboren am: 09.12.1995
Geburtsort: Ahaus

Familienstand: ledig
Staatsangehörigkeit: deutsch
Talheimstraße 48
48739 Legden
Tel.: 02566 83293

Schulverlauf

2001–2005 Anna Grundschule in Legden

2005–2014 Humboldt-Gymnasium in Legden
Abschluss: voraussichtlich Abitur

PC-Kenntnisse

Word, sehr gute Kenntnisse
Excel, sehr gute Kenntnisse
PowerPoint, gute Kenntnisse
Internet, sehr gute Kenntnisse

Interessen

Mathematik, gebe Nachhilfe für Acht- und Neuntklässler

Lesen, Sachbücher und Romane, auch die Tageszeitung

Sport, fahre Rollerblades und Ski

Legden, den 20.05.2014
Ingmar Borgers

Kommentar zum Lebenslauf von Ingmar Borgers

Layout

Dieser Lebenslauf ist aufgrund seiner Gestaltung schwer zu lesen. Richten Sie Ihren Lebenslauf immer linksbündig aus und setzen Sie die Daten vom Text ab. So erreichen Sie, dass der Leser relevante Daten schneller erkennen kann und ihm das Lesen erleichtert wird.

Weitere Tätigkeiten

Da der Lebenslauf eines Berufsanfängers in den meisten Fällen eher kurz ist, wäre es sinnvoll, als weiteren Unterpunkt beispielsweise Nebentätigkeiten, ein Schuljahr im Ausland oder Praktika anzuführen. So ergibt sich für den Leser ein vollständiges Bild des Bewerbers. Unter diesem Punkt könnte dann auch die Mathematiknachhilfe aufgeführt werden.

Interessen

Dass der Bewerber „auch die Tageszeitung" liest, ist schön, aber im Lebenslauf sicherlich nicht erwähnenswert.

Fremdsprachen

Spricht Herr Borgers keine Sprache außer seiner Muttersprache? Geben Sie Ihre Fremdsprachenkenntnisse immer mit an.

PASSEN SIE DEN STIL IHRER BEWERBUNG AN DAS UNTERNEHMEN AN

Wenn Sie mit einer spritzigen und ausgefallenen Bewerbung für sich werben wollen, so recherchieren Sie vorher genau, wie das Unternehmen sich selbst präsentiert. Wägen Sie dann ab, welcher Auftritt der Richtige ist. Achten Sie bei der Gestaltung immer auf einen stimmigen Gesamteindruck. Die Kreativität, die Sie dabei entwickeln, muss zu Ihnen, zur Position und zum Unternehmen, bei dem Sie sich bewerben, passen. Egal wie Sie Ihre Unterlagen gestalten: Qualität steht für Ernsthaftigkeit und für die Wertschätzung des Lesers.

Gesamteindruck

In seinem Anschreiben macht der Bewerber deutlich, dass er sich mit dem Berufsprofil des Steuerfachangestellten im Vorfeld auseinandergesetzt hat. Das fällt positiv auf und als Leser nimmt man ihm die Motivation ab. Wünschenswert wäre, dass er im Anschluss noch darstellt, warum er in genau diesem Steuerbüro seine Ausbildung machen möchte.

Die grundlegenden Kontaktdaten des Bewerbers sind vorhanden. Des Weiteren könnten im Zeitalter moderner Kommunikation sowohl die Mobilfunknummer als auch eine E-Mail-Adresse angegeben werden.

Der Lebenslauf ist zu kurz und zu platt. Gerade wenn ein Bewerber noch keine Berufserfahrung vorzuweisen hat und somit sein Lebenslauf zwangsläufig eher kurz ausfällt, sollte er sich überlegen, ob es nicht noch relevante und interessante Aspekte in seinem Leben gibt, die in Bezug auf den Ausbildungsplatz von Interesse wären.

WELCHE TÄTIGKEIT PASST ZU IHNEN?

Die sozialen Kompetenzen, die Sie mitbringen, sagen mehr oder weniger aus, für welche Art von Position Sie geeignet sind. Wesentlich ist für Sie zu wissen, wo Ihre Stärken liegen und welche Tätigkeit deshalb zu Ihnen passt.

Ausbildung zum Maurer

Malte Hase bewirbt sich beim Meisterbetrieb Aloys Hermann

Kurzprofil des Bewerbers

- Schulbildung: Hauptschulabschluss
- Einjährige berufliche Orientierungsphase
- Lieblingsfach: Englisch
- 17 Jahre alt

Ziel

Ein Ausbildungsplatz als Maurer.

Strategie

Der Bewerber bewirbt sich schriftlich bei einem Maurerbetrieb und formuliert eine engagierte Bewerbung. Zusätzlich bietet er an, als Hilfsarbeiter vor seiner Ausbildung im Unternehmen tätig zu werden.

Malte Hase (bei Müller)
Bachweg 88
44329 Dortmund
Hasemann@jmx.de

Aloys Hermann
Funkstraße 512
44225 Dortmund

Bewerbung um eine Ausbildungs-/Hilfsarbeiterstelle als Maurer

Sehr geehrter Herr Hermann!

Warum ich mich bei Ihnen bewerbe?

Nach einer einjährigen beruflichen Orientierungsphase habe ich mich dazu entschieden, eine Ausbildung als Maurer anzufangen.

Mir ist bewusst, dass ich das ganze Jahr dem Wetter ausgesetzt bin und daher eine kräftige Konstitution haben muss. Dieser Herausforderung fühle ich mich gewachsen, da ich lieber an der frischen Luft arbeite als in geschlossenen Räumen.

Ich bin 17 Jahre jung, flexibel, belastbar und scheue mich bestimmt nicht vor Arbeit.

Da es für einen Ausbildungsplatz eventuell schon zu spät ist, würde ich auch gerne bis zum nächsten Ausbildungsjahr bei Ihnen als Hilfsarbeiter arbeiten. In diesem Jahr hätten beide Parteien die Möglichkeit, einander kennenzulernen.

Wenn meine Bewerbung Ihr Interesse geweckt hat, freue ich mich über eine Einladung zu einem Vorstellungsgespräch.

Mit freundlichem Gruß

Malte Hase

Kommentar zum Anschreiben von Malte Hase

Persönliche Daten

Zu den persönlichen Daten eines Bewerbers gehören: Name, Vorname, Adresse, Telefonnummer und, wenn vorhanden, die E-Mail-Adresse. Wohnt jemand zum Bewerbungszeitpunkt zum Beispiel zur Untermiete, dann heißt es „zzt. Wohnhaft bei ..." oder „c/o ..." und nicht „bei Müller".

Adressat und Datum

Auch das Unternehmen von Herrn Hermann wird bestimmt einen Namen haben. Geben Sie immer die vollständige Adresse des Empfängers an und fügen Sie zwischen der Straße und dem Ort zur besseren Lesbarkeit eine Leerzeile ein. Platzieren Sie das Datum rechtsbündig eine Zeile unter der Ortsangabe des Empfängers. Sollte Ihr Anschreiben sehr ausführlich sein, dann können Sie das Datum alternativ rechtsbündig in der Zeile des Ortes angeben.

Anrede

Warum das Ausrufezeichen? Schreiben Sie lieber: „Sehr geehrter Herr Hermann, bezogen auf Ihre Anzeige ...".

Unnötiger Satz

Die ausformulierte Frage: „Warum ich mich bei Ihnen bewerbe?" ist in einer Bewerbung fehl am Platz. Schreiben Sie lieber gleich eine überzeugende Antwort hin.

Formulierung

Herr Hase gibt an, „flexibel und belastbar" zu sein und sich „bestimmt nicht vor Arbeit" zu scheuen. Das sind schöne Aussagen, allerdings fehlen Belege dafür. Gab es eventuell Phasen, in denen er gearbeitet hat? An einer Stelle, wo er diese Kompetenzen zeigen konnte? Ungünstig ist auch, dass er schon im Anschreiben infrage stellt, ob er den Ausbildungsplatz überhaupt bekommt. Sein Angebot, bis zum nächsten Ausbildungsjahr als Hilfsarbeiter zu arbeiten, kann der Empfänger ja schon fast nicht ausschlagen.

LEBENSLAUF

Name:	Malte Hase
Adresse:	Bachweg 88
	44329 Dortmund
	Hasemann@jmx.de
Geburtstag:	01.02.1997
Geburtsort:	Herne
Eltern:	Manuela Hase (Altenpflegerin); Christian Schünzel (Vertriebsleiter)
Geschwister:	2 ältere
Schulabschluss:	Hauptschulabschluss (10A)
Lieblingsfächer:	Englisch, Hauswirtschaft
Hobby:	Musik hören und machen
Angestrebter Beruf:	Maurer

Kommentar zum Lebenslauf von Malte Hase

Überschrift

Optisch wertiger wäre der Lebenslauf, wenn Herr Hase die Überschrift seines Lebenslaufs hervorgehoben hätte.

Persönliche Daten

Es wäre sinnvoll, wenn Herr Hase zusätzlich seine Telefonnummer angegeben hätte. Dann könnten ihn der Leser schneller erreichen und eventuelle Fragen direkt klären.

Unnötige Informationen

Angaben über die Eltern und Geschwister sind überholt. Lassen sie diese Bereiche einfach heraus und fügen Sie sinnvollere Aspekte (zum Beispiel PC- und Fremdsprachenkenntnisse) in den Lebenslauf ein. Auch die Information darüber, dass der angestrebte Beruf Maurer ist, wird dem Leser bereits im Anschreiben klar und muss hier nicht extra aufgeführt werden.

Schule

An welcher Schule hat der Bewerber seinen Hauptschulabschluss gemacht? Wie lange hat er diese Schule besucht? Das sind Fragen, die sich der Leser stellen wird.

Nebentätigkeiten und Praktika

Um seinen doch sehr kurzen Lebenslauf weiter zu füllen, hätte Herr Hase eventuell Nebenjobs oder auch (schulische) Praktika aufführen können. Die Erfahrungen daraus hätte er außerdem im Anschreiben verwenden können, um seine Kompetenzen zu unterstreichen.

Ort, Datum und Unterschrift

Diese Punkte fehlen hier völlig.

Gesamteindruck

Insgesamt macht das Anschreiben einen unguten Eindruck. Herr Hase weckt zwar Neugier beim Leser, weil er kein „Standardanschreiben" gewählt hat. Doch der forsche und vorweggreifende Schreibstil wirkt wahrscheinlich eher abschreckend. Wenn Sie sich nicht für einen kreativen Beruf bewerben, sollten Sie sich mit ausgefallenen Bewerbungen zurückhalten. Versetzen Sie sich in die Lage des Lesers und agieren Sie aus dieser Haltung heraus.

Die einzige nützliche Information, die der Leser aus dem Lebenslauf ziehen kann, ist, wie der Bewerber heißt, wo er wohnt und welchen Schulabschluss er hat. Das ist insgesamt zu wenig, zu kurz und kaum aussagekräftig. Der Lebenslauf wirkt dadurch wie ein trockenes Personenstammblatt oder ein Steckbrief. Nutzen Sie den Lebenslauf lieber, um sich ganz speziell und individuell vorzustellen. Was haben Sie bisher gemacht? Was haben Sie bei Ihren Tätigkeiten erreicht? Welche Fähigkeiten bringen Sie für die neue Position mit? Diese und andere Fragen sollten nach dem Lesen für den Personalleiter geklärt sein.

JEDE QUALIFIKATION IST EIN VERKAUFSARGUMENT

Unterschätzen Sie nicht das, was Sie bisher gemacht haben. Denken Sie daran: Jede Qualifikation beweist Ihre Leistungsfähigkeit und ist damit ein Verkaufsargument. Das ist besonders für Berufsanfänger wichtig. Für sie sind auch Jobs und Praktika eine Qualifikation und ein Leistungsnachweis. Selbst völlig artfremde Tätigkeiten (zum Beispiel in Kneipe, Tankstelle oder Sonnenstudio) dokumentieren zumindest Einsatzbereitschaft.

Ausbildung zum Kfz-Mechaniker

Uwe Welling bewirbt sich bei der Autohaus Johmann GmbH

Kurzprofil des Bewerbers

- Schulbildung: voraussichtlich Fachoberschulreife an der Realschule
- Aushilfsarbeit in einer Kfz-Werkstatt
- 15 Jahre alt

Ziel

Ein Ausbildungsplatz als Kraftfahrzeugmechaniker.

Strategie

Der Bewerber bewirbt sich schriftlich bei einem Autohaus und macht durch einen hohen Begeisterungsgrad für seinen angestrebten Ausbildungsplatz auf sich aufmerksam.

Uwe Welling

Düsseldorf, den 05.03.2014

Kreuzstraße 39 40625 Düsseldorf

Autohaus Johmann GmbH

Frau Paul

Postfach 29 38 47

40627 Düsseldorf

Bewerbung um eine Ausbildungsstelle zum Kraftfahrzeugmechaniker

Sehr geehrte Frau Paul,

wenn Sie noch einen zuverlässigen und engagierten Auszubildenden suchen, bitte ich Sie, mich bei Ihnen einzustellen.

Schon seit mehreren Jahren interessiere ich mich ganz besonders für die Kraftfahrzeugtechnik. In meiner Freizeit habe ich die Möglichkeit, in einer Werkstatt bei Reparaturen an unterschiedlichen PKWs mitzuhelfen. Da mir die Arbeit sehr viel Freude bereitet, möchte ich gerne Kraftfahrzeugmechaniker werden.

Im Juni des Jahres werde ich die Realschule mit der Fachoberschulreife verlassen und könnte meine Ausbildung bereits im Juli bei Ihnen beginnen.

Wann darf ich mich bei Ihnen vorstellen?

Mit freundlichen Grüßen

Uwe Welling

Kommentar zum Anschreiben von Uwe Welling

Daten und Datum

Um zu zeigen, dass er gut erreichbar ist, hätte Herr Welling seine Telefonnummer und, soweit vorhanden, auch seine E-Mail-Adresse angeben sollen. Das Datum hat hingegen nichts bei den persönlichen Angaben des Bewerbers zu suchen. Platzieren Sie es rechtsbündig eine Zeile unterhalb der Ortsangabe des Adressaten.

Betreff

Wenn Sie sich auf eine Stellenanzeige hin bewerben, dann geben Sie immer an, wo Sie sie gefunden haben (Zeitung, Internetstellenbörse etc.) und wann sie erschienen ist. Formatieren Sie die Betreffzeile fett. So sieht der Leser auf den ersten Blick, um welche Stelle es geht.

Einleitung

Der Bewerber scheint es sehr nötig zu haben, einen Ausbildungsplatz zu bekommen. Vermeiden Sie Formulierungen wie „bitte ich Sie, mich bei Ihnen einzustellen".

Inhalt

Der Bewerber soll mit seinem Anschreiben für seine Person werben. Allerdings nicht, indem er lediglich aufzählt, wer er ist, was er kann und wie viel Freude ihm die Arbeit mit Autos macht (zu viel „ich"). Wichtig ist vor allem deutlich zu machen, was das Unternehmen davon hat, ihn auszubilden.

GREIFEN SIE DIE KOMPETENZEN AUS DER STELLENANZEIGE AUF

Beziehen Sie sich beim Anschreiben auf die Kompetenzen, die in der Stellenanzeige genannt sind. Schreiben Sie nicht nur „ich bin ...", „ich kann ..." etc., sondern vermitteln Sie, warum Sie der oder die Richtige für das Unternehmen und die Position sind. Das Einzige, was der Leser Ihrer Unterlagen wissen will, ist, ob Sie die An-forderungen der Position erfüllen und zum Unternehmen passen könnten. Achten Sie deshalb darauf, dass Ihr Anschreiben die folgenden zwei Kriterien erfüllt: Es muss prägnant und aussagekräftig sein, es muss leserorientiert und positionsbezogen sein.

Lebenslauf

Name:	Uwe Welling
Geburtsdatum:	18.07.1998
Geburtsort:	Düsseldorf
Familienstand:	ledig
Staatsangehörigkeit:	deutsch
Adresse:	Kreuzstraße 39
	40625 Düsseldorf
Telefon:	0211 38293
E-Mail:	UWEW@pfz.de
2004–2008	Maria-Müller-Grundschule in Düsseldorf
2008–2014	Alfred-Flender-Realschule in Düsseldorf
	voraussichtlicher Abschluss: Fachoberschulreife
Hobbys:	In meiner Freizeit arbeite ich regelmäßig in einer Werkstatt und helfe bei Reparaturen. Besitze ein Mofa, an dem ich basteln kann. Freunde kommen zu mir, um ihre Mofas und Roller reparieren zu lassen.
Sport:	Spiele Fußball im FC Düsseljungs Jogge dreimal in der Woche
PC-Kenntnisse:	Word, Excel, Pictureprogramm

Düsseldorf, den 05.03.2014

Uwe Welling

Kommentar zum Lebenslauf von Uwe Welling

Layout und Überschrift

Der Bewerber hat sich Mühe gegeben, sein Layout übersichtlich zu gestalten. Allerdings wäre es noch übersichtlicher, wenn er die Überschrift „Lebenslauf" größer und auch dicker gedruckt und die einzelnen Unterpunkte gegliedert hätte.

Unnötige Informationen

Die Grundschule braucht im Lebenslauf eigentlich nicht mehr angegeben zu werden. Da Herr Welling aber noch keinen sehr langen Lebenslauf vorzuweisen hat, ist es in diesem Fall in Ordnung. Grundsätzlich sollte der Lebenslauf nicht zu lang sein, eine knappe Dreiviertelseite ist aber schon sehr kurz.

Formatierung

Bei der Aufzählung der Hobbys ist schlecht zu erkennen, wo eine Angabe aufhört und die nächste anfängt. Nutzen Sie an der Stelle ruhig Aufzählungszeichen, um die einzelnen Punkte voneinander abzusetzen.

Angaben

Die einzelnen Unterpunkte im Bereich Hobbys sind eher umgangssprachlich formuliert. Außerdem könnte der Punkt Sport auch zu den Hobbys gezählt werden.

GLIEDERN SIE DEN LEBENSLAUF ÜBERSICHTLICH

Gliedern Sie Ihren Lebenslauf so, dass einzelne Unterpunkte leicht erkennbar voneinander getrennt sind. So machen Sie es dem Leser leichter und er findet die für ihn wichtigen Aspekte schneller.

Gesamteindruck

Insgesamt wirkt diese Bewerbung sowohl in Hinblick auf das Anschreiben als auch auf den Lebenslauf zu kurz und zu einfallslos. Das hätte Herr Welling beim Anschreiben durch einfache Mittel vermeiden können, optisch zum Beispiel durch eine fette Betreffzeile und eine ansprechend gestaltete Kopfzeile. Inhaltlich hätte er ein paar Sätze schreiben sollen, warum er ausgerechnet beim Autohaus Johmann ausgebildet werden möchte. Dann wäre auch nicht der Eindruck entstanden, dass das Anschreiben zu kurz ist.

Der Lebenslauf ist nur auf den ersten Blick gut formatiert und sehr kurz. Zwar hat der Bewerber noch keinen sehr komplexen Lebensweg vorzuweisen, doch er hätte noch einzelne Unterpunkte mit hinzunehmen und ein anderes Layout wählen können, um optisch mehr Fülle zu erreichen. Die Aufzählung der Hobbys in Sätzen statt in Schlagworten ist eine pfiffige Idee, gehört in dieser Form aber nicht in den Lebenslauf, sondern in das Anschreiben.

Nachfolgend finden Sie ein paar Fragen, die Ihnen bei der Formulierung Ihres Anschreibens helfen. Nehmen Sie sich die Anzeige, auf die Sie sich bewerben möchten, zur Hand und bearbeiten Sie dann die einzelnen Fragen. Halten Sie Ihre Antworten schriftlich fest, sie dienen als Basis für Ihren späteren Text.

ARBEITSBLATT: WIE SIE IHR ANSCHREIBEN FORMULIEREN

Fragen	Notizen
Was ist das Interesse des suchenden Unternehmens? Welche Position soll besetzt werden	
Warum bewerbe ich mich auf diese Position? Was spricht mich an dieser Position an?	
Welche Kompetenzen sind gefordert? Inwieweit erfülle ich die Anforderungen?	
Welche Aussagen von mir sind in diesem Zusammenhang für das Unternehmen interessant und wichtig (jetzige Position, vorherige Position, wesentliche Erfahrung sowie fachliche und zwischenmenschliche Kompetenzen)?	
Wie und womit kann ich verdeutlichen, dass ich zum Unternehmen und genau dieser Position passe (Kompetenzen, Erfahrungen)?	
Warum bin ich genau die beziehungsweise der Richtige für diese Position?	

Bewerbungsmuster Anstellung

Bewerbung als Friseurin

Hanna Leymann bewirbt sich beim Haarstudio Hoffmann

Kurzprofil der Bewerberin

- Friseurausbildung
- Fünf Jahre Berufserfahrung
- Erfahrung im Kundenkontakt
- 24 Jahre alt

Ziel

Anstellung in einem Friseursalon.

Strategie

Die Bewerberin strebt einen Arbeitsplatzwechsel an und versucht, ihre Professionalität und Einsatzbereitschaft darzustellen. Sie erklärt, warum sie ihren Arbeitsplatz wechseln möchte.

Hanna Leymann
Schlösschenstraße 73
33613 Bielefeld
Tel.: 0521 79829

Haarstudio Hoffmann
Klaus Hoffmann
Rutenweg 17
48159 Münster

Bielefeld, den 28.07.2014

Bewerbung als Friseurin

Sehr geehrter Herr Hoffmann,

hiermit bewerbe ich mich aufgrund Ihrer Anzeige im Abendblatt von Münster vom 27.07.2014 als Friseuse für Ihr Studio.

Ich habe 2009 meinen Abschluss als Friseur in Laer gemacht und war anschließend drei Jahre in Münster bei Professional Hair tätig. Dort habe ich überwiegend Herren-haarschnitte bei einer sehr anspruchsvollen Kundschaft gemacht. 2012 wechselte ich an das Theater in Köln. Dass ich es hier in erster Linie mit prominenten Schauspiel-ern zu tun hatte, muss ich nicht extra erwähnen. Daran sehen Sie, dass Erfahrungen im Umgang mit anspruchsvoller Kundschaft durchaus gegeben sind.

Ich sehe meinen Beruf sowohl als Handwerk als auch als Kunst. Als Handwerk, weil ich mit soliden Kenntnissen an die Sache oder besser: an den Kopf herangehe. Als Kunst, weil es darauf ankommt, den individuellen Wünschen Rechnung zu tragen.

Als selbstverständlich können Sie bei mir Geschick, Einfühlungsvermögen und „stilis-tische" Sicherheit voraussetzen. Außerdem ist mir Teamarbeit ein geläufiger Begriff und Arbeiten unter hohem Zeitdruck ist mir ebenfalls bekannt.

Obwohl ich mich in dem Theater sehr wohlfühle, möchte ich mich gerne verändern. Besonders, da ich zurzeit häufig am Wochenende und spät abends arbeiten muss. Mir liegt an einer geregelteren Arbeitszeit, womit ich nicht sagen will, dass ich um sechs Uhr die Schere fallen lasse.

Es würde mich freuen, wenn Sie mir die Gelegenheit zur persönlichen Vorstellung geben würden und auch, einmal bei einem Kunden meine Fertigkeiten unter Beweis zu stellen.

Mit freundlichen Grüßen

Hanna Leymann

Kommentar zum Anschreiben von Hanna Leymann

Betreff

Generell ist es wünschenswert, dass die Betreffzeile vom Schriftsatz her fett gedruckt ist und in ihr angegeben wird, woher die Bewerberin die Information über die freie Stelle hat.

Einleitung

Vermeiden Sie Standardeinleitungssätze im Anschreiben. Sie wirken einfallslos und deuten darauf hin, dass sich die Bewerberin nur wenig Mühe gegeben hat.

Tätigkeitsbegriff

Warum wählt die Bewerberin für ihr Berufsbild gleich drei verschiedene Bezeichnungen? Im Betreff bewirbt sie sich als Friseurin, in der Einleitung dann als Friseuse und einen Satz später berichtet sie von ihrem Abschluss als Friseur. Bleiben Sie bei einer Bezeichnung, mit Originalität hat das nichts zu tun.

Formulierung

Frau Leymann schreibt, dass es sich bei ihrer Kundschaft am Theater in erster Linie um prominente Schauspieler handelt. Gleichzeitig fügt sie an, dass sie dies ja nicht extra erwähnen müsse. Dieser Satz ist zu platt.

Wechselmotivation

Die Art und Weise, wie die Bewerberin ihre Wechselmotivation schildert, ist nicht gut gewählt. Hier wäre es wünschenswert gewesen, wenn Frau Leymann weniger umgangssprachlich formuliert hätte.

Satzbau

Diesen Satz muss der Leser unnötig oft lesen, bis er ihn versteht.

FINDEN SIE DEN RICHTIGEN ABSCHLUSS

„Habe ich Ihr Interesse geweckt? Dann freue ich mich auf ein persönliches Gespräch."

„Ich freue mich auf ein Gespräch mit Ihnen."

„Ich freue mich auf ein persönliches Gespräch, in dem wir weitere Einzelheiten besprechen können, und verbleibe ..."

„Auf eine Einladung zu einem persönlichen Gespräch freue ich mich."

„Ich freue mich, weitere Einzelheiten in einem persönlichen Gespräch mit Ihnen zu besprechen."

LEBENSLAUF

Hanna Leymann
Schlösschenstraße 73
33613 Bielefeld
Tel.: 0521 79829

Geburtsort:	Bielefeld
Geburtsdatum:	27.07.1990
Schulbildung:	August 2000–Mai 2006 Norbert Hauptschule, Abschluss: 10 B
Berufsausbildung:	2006–2009 Haare mal anders, Abschluss: Friseurin
Berufspraxis:	2009–2012 Professional Hair 2012–heute Theater Köln
Sonstige Fähigkeiten und Interessen:	Ich interessiere mich sehr für moderne Kunst, besuche regelmäßig Ausstellungen. Hobby: Modellieren von Skulpturen Besuche einen Malkurs seit einem Jahr
Stärken:	Ich bin sehr kreativ, flexibel, kommunikativ und teamfähig. Kann gut mit Menschen umgehen und bin lernfähig.

Bielefeld, 28.07.2014

Hanna Leymann

Kommentar zum Lebenslauf von Hanna Leymann

Schriftart

Die Schriftart ist schlecht gewählt. Bleiben Sie bei den gängigen Varianten Arial oder Times New Roman. Weiterhin wichtig: Bleiben Sie bei Ihrer Bewerbung bei einer Schriftart, sodass in Ihren Unterlagen ein roter Faden erkennbar ist.

Formatierung und Gestaltung

Zur besseren Lesbarkeit wäre es wünschenswert gewesen, wenn Frau Leymann bei der Gestaltung ihrer Bewerbung die Zeitangaben auf der linken Seite des Lebenslaufs platziert hätte. Der Leser muss hier erst nach den Informationen suchen, die ihn interessieren.

Monatsangaben

Versehen Sie alle Zeitangaben mit Monatsangaben. Nur so kann der Leser erkennen, ob Ihr Lebenslauf vollständig ist.

Tätigkeiten

Auch wenn Sie im Anschreiben bereits erwähnt haben, welche Tätigkeiten Ihre Berufspraxis geprägt haben: Versehen Sie die einzelnen Stationen auch im Lebenslauf noch einmal kurz und knapp mit den für die Stelle wichtigsten Aspekten. So vermeiden Sie, dass der Leser hin und her blättern muss, um zu erfahren, was Sie eigentlich getan haben.

Stärken

Stärken haben im Lebenslauf nichts zu suchen. Entweder Sie verpacken diese geschickt im Anschreiben oder Sie fügen eine „dritte Seite" bei, auf der Sie näher auf Ihre Stärken eingehen. Grundsätzlich reicht es aber nicht, diese nur aufzulisten, sondern Sie sollten immer anführen, in welchem Rahmen Sie sie zeigen oder weiterentwickeln konnten. Ein paar Beispiele machen Ihre Stärken glaubhafter.

Gesamteindruck

Das Layout des Anschreibens wirkt zu gedrängt. Ein solcher Eindruck lässt sich vermeiden, indem der gesamte Text großzügig verteilt wird. Platz ist genug vorhanden. Durch einen größeren Zeilenabstand oder auch Leerzeilen zwischen den Absätzen hätte dieses Anschreiben lesbarer und optisch stimmiger gewirkt. Der Schreibstil ist – bis auf ein paar Ausnahmen – rund und flüssig. Mit wenigen Worten gelingt es der Bewerberin, ihr Verständnis und ihre Begeisterung für ihre Tätigkeit zu vermitteln. Sie hat es geschafft, sich in ein positives Licht zu rücken, ohne arrogant zu wirken.

Der Lebenslauf wirkt nur auf den ersten Blick ansprechend, beim zweiten Blick leider unübersichtlich. Durch den Aufbau und die Formatierungsfehler wird der Lebenslauf schlecht lesbar. Auch wäre es stimmiger gewesen, wenn die Bewerberin die gleiche Schriftart verwendet hätte wie für das Anschreiben. Inhaltlich sind die wesentlichen Aspekte unter den Tisch gefallen. Der Leser erfährt nicht, was die Bewerberin während ihrer beiden bisherigen Jobs wirklich gemacht hat. Fakten, die sie im Anschreiben genannt hat, sollte sie auch hier noch einmal darstellen.

Angaben zu Aufgaben und Tätigkeiten	Notizen
Welche Aufgaben und Tätigkeiten haben Sie in Ihrer letzten Position genau wahrgenommen?	
Was ist Ihre Verantwortung, Ihr Entscheidungsspielraum?	
Welche Erfolge/Ergebnisse haben Sie erreicht?	
Welche Kompetenzen haben Sie erwerben können?	
Was kennzeichnet Ihr Arbeitsverhalten? (Belege)	
Wodurch ist Ihr soziales Verhalten gekennzeichnet? (Belege)	
Was motiviert Sie?	
Angaben zu Ihrer Erfahrung im Umgang mit Projekten/Projektleitung in Bezug auf	
Projektmanagement	

Führungskompetenz	
Verkaufskompetenz	
Präsentationskompetenz	
Moderationskompetenz	
EDV-Kenntnisse	
Sprachkenntnisse	

Stellenanzeige

Beitrag von Oskas Architekturbüro für Mittelbau- und Gesamtplanung am Montag, 26.08.2014

Ort: Essen ... eMail: OA@AO.de www.OskasBüro.de

Als Architekturbüro für Mittelbau- und Gesamtplanung realisieren wir anspruchsvolle Projekte im In- und Ausland. Wir haben einen Auftragsbestand von ca. 1 1/2 Jahren.

Derzeit suchen wir zwei weitere Architekten/innen. Voraussetzung sind Freude an der Arbeit, gute CAD- (Nemetschek), MS-Office- und PhotoShop-Kenntnisse. Sie bringen strukturierte Arbeitsweisen, Organisations- und Teamfähigkeit, gute Entwurfsqualitäten ebenso wie mindestens zwei Jahre Berufserfahrung mit. Ihr Hochschulabschluss weist eine exzellente Note auf. Erste Informationen über unser Büro entnehmen Sie bitte unserer Homepage.

Bitte lassen Sie uns Ihre aussagefähigen und vollständigen Bewerbungsunterlagen mit Arbeitsproben, Ihren Gehaltsvorstellungen und dem frühestmöglichen Eintrittstermin ausschließlich auf dem Postweg bis zum 01.09.2008 zukommen. Eine Bewerbung macht für Sie und uns nur Sinn, wenn Sie die genannten Kriterien erfüllen. Wir freuen uns auf Sie.

Architekturbüro

Für Mittelbau- und Gesamtplanung

Dipl.-Ing. Oska Naumann

Pappelweg 17

45259 Essen

| Telefon: 0201/9043938 | Telefax: 0201/877287 | eMail: oa@ao.de |

Diese Stellenanzeige liegt der folgenden Bewerbung zugrunde.

Bewerbung als Architekt

Alois Keinath bewirbt sich bei Oskas Architekturbüro für Mittelbau- und Gesamtplanung

Kurzprofil des Bewerbers

- Studium: Architektur
- Abschluss: Diplom-Ingenieur (FH)
- Großes Interesse für Industriebau, Konstruktion und Städtebau
- Eineinhalbjährige Berufserfahrung durch diverse Praktika in Architekturbüros, Baufirmen und Bauabteilungen
- Kenntnisse in MS Office, Lotus, CAD, PhotoShop, AVA
- 25 Jahre alt

Ziel

Tätigkeit in einem Architekturbüro

Strategie

Der Bewerber bewirbt sich unverzüglich auf eine im Internet geschaltete Stellenausschreibung des Architekturbüros. Hierzu nutzt er den Postweg und beschreibt ausführlich seine Interessen und seine Leidenschaft für die Architektur.

Alois Keinath

Dipl.-Ing. Architektur
Reininghauser Straße 26
45130 Essen
Tel.: 0201 28367
ak@lo.de

Oskas Architekturbüro
Für Mittelbau- und Gesamtplanung
Herr Oska Naumann
Pappelweg 17
45259 Essen

Essen, den 26.08.2014

 Bewerbung

Sehr geehrter Herr Naumann,

auf Ihre Anzeige im Internet unter der Homepage „Architektur heute" möchte ich mich als Architekt
(Hochbau) zum nächstmöglichen Zeitpunkt bei Ihnen bewerben.

Ich bin Absolvent des Fachbereichs Architektur der FH in Essen. Mein Studium durchlief ich mit viel
Freude an der Arbeit und voller Engagement. Mir persönlich war es während des Hauptstudiums sehr wichtig, ein weites Spektrum an Entwurfsthemen und begleitenden Lehrgängen der Bauakademie in Essen wahrzunehmen. Dabei entwickelte ich ein großes Interesse für Industriebau, Konstruktion und Städtebau.

Durch mehrere Praktika in Architekturbüros, Baufirmen und Bauabteilungen habe ich strukturierte Arbeitsabläufe kennengelernt. Selbstständiges Arbeiten und die Arbeit im Team sowohl im Büro als auch auf Baustellen sind mir nicht fremd.

Für weitere Fragen zu meiner Person stehe ich Ihnen gerne zur Verfügung. Ich würde mich freuen,
wenn Sie mich zu einem persönlichen Gespräch einladen würden, und verbleibe

mit freundlichen Grüßen

Alois Keinath

Kommentar zum Anschreiben von Alois Keinath

Betreff

Der Leser stellt sich beim ersten Betrachten die Frage: „Um was bewirbt sich Herr Keinath?" Erst in der Einleitung zum Anschreiben wird erkenntlich, dass es um eine Stelle als Architekt geht. Den Satz hätte der Bewerber sich sparen können, wenn er dies bereits im Betreff angeführt hätte.

Leerzeilen

Es ist sinnvoll nach der Anrede eine Leerzeile einzufügen. So gewinnt das gesamte Layout an Übersichtlichkeit.

Zu viel „ich"

Eigenwerbung ist gut, aber übertreiben Sie es nicht. Im Anschreiben geht es nicht darum, was Sie wollen, sondern was Sie mit Ihren Fähigkeiten und Kenntnissen für das Unternehmen tun können.

Fähigkeiten und Kenntnisse

Der Leser erfährt in diesem Anschreiben mehr über die Interessen des Bewerbers als über seine Fähigkeiten und Kenntnisse. Bringen Sie hier konkret auf den Punkt, was Sie können, so Sie dieses Können erlernt haben und wie Sie es einsetzen konnten.

Absätze

Insgesamt wäre das Layout des Anschreibens stimmiger und übersichtlicher geworden, wenn innerhalb des Textes mehr (nach jedem Absatz) und dafür im oberen Bereich weniger Leerzeilen verwendet worden wären.

ÜBERLEGEN SIE GENAU, WO SIE INFORMATIONEN POSITIONIEREN

Überlegen Sie genau, ob eine Information wirklich in das Anschreiben muss oder ob sie nicht besser an geeigneter Stelle in Ihrem Lebenslauf oder auf der dritten Seite Platz finden sollte. Sie wissen: Personalverantwortliche haben nicht viel Zeit. Noch wichtiger und schwieriger als die Formalien der Gestaltung ist die inhaltliche Überzeugungskraft Ihres Textes.

Lebenslauf

Name:	Alois Keinath
Dipl.-Ing. Architektur	
Adresse:	Reininghauser Straße 26
	45130 Essen
Telefon:	Tel.: 0201 28367
E-Mail	ak@lo.de
Geburtsdatum:	28.02.89
Familienstand:	ledig
Nationalität:	deutsch

Schulische und berufliche Laufbahn	
Aug. 2000–Juni 2009	Geschwister-Scholl-Gymnasium, Overath
	Abschluss: Abitur
Jul. 2009–April 2010	Wehrdienst (Panzerbataillon) Hamburg
Mai 2010–Juni 2010	Architekturbüro Klöppel und Co., Overath
Juli 2010–Aug. 2010	Karl Jochum GmbH, Bauunternehmen, Bochum
Sept. 2010–Aug. 2012	Fachhochschule Essen
	Abschluss: Diplom-Ingenieur (FH) Architektur
Aug. 2011–Sept. 2011	Stahlbau-Firma Meier und Hase, Essen
März 2012–Juli 2012	Architekturbüro Hansens Planungssysteme, Duisburg
Aug. 2012–heute	Generalunternehmer KFU Gebäudelösungen, Essen

Zusätzliche Qualifikationen	
Fremdsprachen:	Englisch, Latein
Computer:	MS Office, Lotus, CAD, PhotoShop, AVA
Lehrgänge:	JoKiGz, Arbeitsschutz
Vereine:	KUPD Essen, Schützenverein Essen

Essen, den 26.08.2014

Kommentar zum Lebenslauf von Alois Keinath

Layout

Das Layout ist denkbar schlecht gewählt. Trotz des zweispaltigen Aufbaus kommt es aufgrund zu kleiner Spalten zu einem gedrängten Erscheinungsbild. Hier hätte Herr Keinath besser die Spalten breiter gestaltet und den Lebenslauf auf zwei Seiten ausgedehnt.

Unterpunkte

Der Unterpunkt „Schulische und berufliche Laufbahn" beinhaltet zwei voneinander unabhängige Teile des Lebenslaufs, die besser einzeln aufgeführt werden. Damit wäre der gesamte Lebenslauf deutlich übersichtlicher.

Monatsangaben

Grundsätzlich empfiehlt es sich, die Monatsangaben nicht in Buchstaben, sondern in Zahlen zu schreiben (beispielsweise 08/95-06/04 oder 08.95-06.04). So werden ungleiche Zeilenlängen vermieden und das Gesamtlayout wirkt deutlich ruhiger.

Tätigkeiten

Zu jeder beruflichen Station sollten Sie Angaben machen, welche Tätigkeiten Sie jeweils ausgeübt haben. Und zwar ausführlicher in den Bereichen, die einen Bezug zur angestrebten Stelle aufweisen, und weniger ausführlich in anderen Bereichen. Nur so ist erkennbar, warum gerade Sie der oder die Richtige für die ausgeschriebene Stelle sind.

Bewertung

Vergessen Sie nie, zu Ihren Sprach-, Computer- und sonstigen Qualifikationen eine eigene Bewertung anzugeben. Dass Sie Englisch können, sagt nichts darüber aus, wie gut Sie die Sprache beherrschen.

Abkürzungen

Vermeiden Sie Abkürzungen, vor allem solche, die nicht gängig sind.

Gesamteindruck

Die gesamte Bewerbung wirkt zu ich-bezogen. Der Bewerber geht im Anschreiben zu stark auf seine Interessen und seine Freude an der Arbeit ein. So vermittelt er dem Leser nicht, in welcher Hinsicht er dem Unternehmen nützlich wäre. Grundsätzlich ist es wichtig und richtig, in der Bewerbung für sich zu werben, allerdings sollte dies nicht durch eine Aufzählung der persönlich wichtigen Aspekte geschehen, sondern immer so, dass erkennbar wird, wie das Unternehmen aus Ihren Fähigkeiten und Kenntnissen Profit ziehen kann.

Zudem fällt auf, dass Herr Keinath nicht alle Voraussetzungen erfüllt, die in der Ausschreibung ausdrücklich gefragt sind. In diesem Fall sind zwei Jahre Berufserfahrung erwünscht, der Bewerber schließt aber gerade erst sein Studium ab. Auch gibt er nicht – wie gewünscht – seine Gehaltsvorstellungen und den frühestmöglichen Eintrittstermin an. In der Regel hat er mit diesen Diskrepanzen zur Ausschreibung keine Chancen. Doch wie heißt es so schön: Keine Regel ohne Ausnahmen ...

Es wäre besser gewesen, den Lebenslauf auf zwei Seiten zu gestalten, und dafür mehr Informationen aufzunehmen. Was fehlt, sind erneut detaillierte Angaben zu den Tätigkeiten und Aufgabengebieten des Bewerbers während seiner praktischen und beruflichen Tätigkeiten. Ansonsten bestätigt auch der Lebenslauf, dass der Bewerber nicht die gewünschten zwei Jahre Berufserfahrung hat, selbst wenn man seine parallel zum Studium gesammelten Zeiten zusammenrechnet.

Positiv anzumerken ist, dass der Bewerber sowohl im Anschreiben als auch im Lebenslauf Angaben dazu macht, wie er zu erreichen ist. Damit gibt er dem Unternehmen die Möglichkeit, sich für einen der Wege zu entscheiden.

Zur Überprüfung Ihres Lebenslaufs können Sie zusätzlich Fragen heranziehen, die sich Personalfachleute oft stellen.

Versetzen Sie sich bei der Beantwortung in deren Lage.

			Bemerkungen
Gibt es Lücken im zeitlichen Ablauf?	Ja	o	
	Nein	o	
Stimmen die Daten auf den Unterlagen überein?	Ja	o	
	Nein	o	
Hat der Bewerber die Ausbildung in einem üblichen Zeitrahmen und mit Erfolg abgeschlossen?	Ja	o	
	Nein	o	
Entsprechen seine Ausbildung und Berufserfahrungen dem geforderten Niveau?	Ja	o	
	Nein	o	
Ist der Bewerber über- oder unterqualifiziert?	Ja	o	
	Nein	o	
Hat der Bewerber bereits häufig das Unternehmen gewechselt?	Ja	o	
	Nein	o	
Ist die jetzige Tätigkeit des Bewerbers ausreichend beschrieben?	Ja	o	
	Nein	o	

Stellenanzeige

Training on the job

Banking mit wirtschaftspolitischer Zielsetzung

Sie suchen besondere Herausforderungen im modernen Banking? Die werden Sie bei uns finden. Hohe Kompetenz, der Anspruch, Besonderes zu leisten und sich für gemeinsame Ziele einzusetzen, sind die Grundlagen unseres Erfolgs. Wenn Sie Ihre berufliche Zukunft in der Realisierung dieser Basics sehen, bieten wir Ihnen interessante Perspektiven in unseren Bereichen

- Export- und Projektfinanzierung
- Finanzielle Zusammenarbeit mit Entwicklungsländern
- Volkswirtschaft

in den Bereichen

- Makroökonomie/Kapitalmärkte
- Ökonometrie/Unternehmensfinanzierung

Sie starten mit einem auf Ihren fachlichen Hintergrund abgestimmten Trainee-Programm. „On the Job" bereiten wir Sie in 12 bis 15 Monaten auf Ihre künftigen Aufgaben vor. Sie lernen die verschiedenen Tätigkeitsfelder der ABC kennen und werden von Anfang an in den Fachabteilungen mit Aufgaben des Tagesgeschäftes, Projekten und Entscheidungsvorbereitungen betraut. „Off the Job" unterstützen wir Sie mit einem speziell für unsere Trainees konzipierten Weiterbildungsangebot. Ihr Ziel: möglichst schnell einen eigenen Aufgabenbereich übernehmen. Den Umfang Ihrer Verantwortung bestimmen letztlich Sie selbst – durch Ihr Engagement.

Die Basis für Ihren erfolgreichen Einstieg: ein wirtschaftsorientiertes Studium mit gutem Abschluss, ergänzt durch eine Berufsausbildung bzw. Praktika aus Bank oder wirtschaftsnahen Zweigen. Sie beherrschen eine Fremdsprache sicher in Wort und Schrift. Persönlich überzeugen Sie durch Eigenschaften wie Teamfähigkeit, Kreativität, Kommunikationsstärke und Offenheit für neue Situationen.

Bitte senden Sie uns Ihre aussagefähigen Unterlagen. Fragen vorab beantwortet Ihnen zum Thema:

- Export- und Projektfinanzierung: Frau Müller, Telefon 0228/289877
- Finanzielle Zusammenarbeit: Frau Hansen, Telefon 0228/289872
- Volkswirtschaft: Herr Braun, Telefon 0228/289873

ABC BankenVerbund

Personalabteilung • Koboldstraße 38 in 53115 Bonn

Weitere Informationen über uns als Bank finden Sie auch im Internet: www.abc.de

Diese Stellenanzeige liegt der folgenden Bewerbung zugrunde.

Bewerbung um die Teilnahme an einem Training on the Job in einer Bank

Juliane Ernst bewirbt sich beim ABC BankenVerbund

Kurzprofil der Bewerberin

- Ausbildung: zweijährige Ausbildung zur Bürokauffrau
- Freiwilliges soziales Jahr
- Studium: Wirtschaftswissenschaft/Volkswirtschaft
- Bereich: nationale Wirtschaftsbeziehungen und internationales Management
- Schwerpunkt: statistische Analyse und Aufbereitung von Wirtschaftsdaten
- Ein Jahr Berufserfahrung in Zeitarbeitsfirma
- Fließende Englischkenntnisse
- 27 Jahre alt

Ziel

Teilnahme am Trainee-Programm der Bank

Strategie

Die Bewerberin bemüht sich frühzeitig um eine neue berufliche Herausforderung, bevor ihr jetziger befristeter Arbeitsvertrag endet. Sie versucht, die Anforderungen der Stellenausschreibung mit ihren Interessen und Stärken in Einklang zu bringen.

Juliane Ernst

Heidegraben 4, 53111 Bonn, Tel: 0228 354273, Jae@osk.de

_____

ABC BankenVerbund
Personalabteilung
Herrn Schremp
Koboldstraße 38
53115 Bonn

                                                            Bonn, 15.08.2014

Bewerbung für das „Training on the Job"

Guten Tag, sehr geehrter Herr Schremp,

hiermit bewerbe ich mich bei Ihnen für Ihr „Training-on-the-Job"-Programm im
Bereich Volkswirtschaft. Von der veröffentlichten Beschreibung des Banking mit
wirtschaftspolitischer Zielsetzung fühle ich mich besonders angesprochen, da das
umfangreiche Aufgabenspektrum wie zum Beispiel die Anwendung
mathematischer und statistischer Analysen und Methoden im Rahmen der
empirischen Analyse regionaler Arbeitsmärkte meiner Zuneigung für Zahlen und
Statistiken entgegenkommt.

Ich bin Diplomvolkswirtin (Studium in Bonn) 28 Jahre jung, ursprünglich
Bürokauffrau und zurzeit befristet bei einem Zeitarbeitsunternehmen tätig. Der
Schwerpunkt meiner Kenntnisse und meiner Interessen liegt in der statistischen
Analyse und der Aufbereitung von Wirtschaftsdaten. Während meines Praktikums
bei der Klops GmbH Bonn in der Abteilung „Strategische Aufgaben" sowie bei
praxisbezogenen Seminaren an der Universität Bonn konnte ich weitere
praktische Fähigkeiten erwerben.

Aufgrund meiner Kenntnisse und meiner hohen Leistungs- und Lernbereitschaft in
der beruflichen Praxis sowie Kommunikationsfähigkeit, Belastbarkeit, Ausdauer,
Flexibilität und Freude am selbstständigen Arbeiten im Team bin ich überzeugt,
gute Voraussetzungen für eine erfolgreiche Tätigkeit in Ihrem Unternehmen mit-
zubringen.

Über die Möglichkeit mich bei Ihnen persönlich vorstellen zu können, würde ich
mich sehr freuen. In Erwartung einer hoffentlich positiven Antwort verbleibe ich

mit freundlichem Gruß

Juliane Ernst

Kommentar zum Anschreiben von Juliane Ernst

Anrede

Die Anrede „Guten Tag, sehr geehrter …" mag ja nett gemeint sein, ist aber überflüssig. Eine solche Formulierung hat im Anschreiben nichts zu suchen.

Einleitung

Die Bewerberin hätte die Standardeinleitungen „hiermit bewerbe ich mich um" sicher vermeiden können. Damit gewinnt sie die Aufmerksamkeit des Lesers ganz bestimmt nicht. Sie sollte sich besser auf ein zuvor geführtes Telefongespräch mit Herrn Schremp oder einem seiner Mitarbeiter beziehen, das sie wahrscheinlich geführt hat, um den Namen ihres Ansprechpartners herauszufinden. Wer so vorgeht, zeigt echtes Interesse.

Satzbau

Ein Satz, der über sieben Zeilen geht, trägt nicht dazu bei, dass der Leser die Inhalte schnell aufnehmen kann. Nehmen Sie Abstand von verschachtelten Sätzen, die nur Verwirrung stiften.

Formatierung

Wer im Blocksatz schreibt, sollte darauf achten, dass zwischen den Wörtern keine zu großen Lücken entstehen. Auch hier lässt sich mit der Silbentrennung arbeiten.

Fähigkeiten

Die Bewerberin nennt zwar Fähigkeiten und Kenntnisse, allerdings reiht sie diese lediglich aneinander. Sie belegt nicht, dass sie diese schon einmal angewendet hat. Auch geht sie nicht auf die in der Ausschreibung genannten Fähigkeiten ein. Machen Sie es anders: Lesen Sie die Stellenausschreibung sorgfältig daraufhin, welche Kenntnisse genau gewünscht werden. Überlegen Sie dann, welche davon Sie besitzen und wo Sie sie bisher schon anwenden konnten. Belegen Sie dies im Anschreiben mit Beispielen.

WÄHLEN SIE EINE ANGEMESSENE ANREDE

Überlegen Sie genau, ob eine Information wirklich in das Anschreiben muss oder ob sie nicht besser an geeigneter Stelle in Ihrem Lebenslauf oder auf der dritten Seite Platz finden sollte. Sie wissen: Personalverantwortliche haben nicht viel Zeit. Noch wichtiger und schwieriger als die Formalien der Gestaltung ist die inhaltliche Überzeugungskraft Ihres Textes.

Juliane Ernst

Heidegraben 4, 53111 Bonn, Tel: 0228 354273, Jae@osk.de

Praktikum und berufliche Erfahrungen

09/04-07/06	Zweijährige Ausbildung zur Bürokauffrau bei der Firma HETI GmbH (Industrieplattenbau), Bonn
08/06-08/07	Soziales Jahr im Jugendheim Bonn
01/09-08/09	Studentische Angestellt bei JIRZ Werbeagentur, Bonn
09/10-10/10	Ferienjob bei HETI GmbH, Bonn, Abt. Vertriebsservice
04/2011	Ferienjob bei der LP GmbH, Aachen
08/12-10/12	Praktikum bei der Hermann AG, Düren, Abt. Strategische Aufgaben
Seit 04/2014	Befristete Tätigkeit bei der LP GmbH, Aachen

Studium

10/07-09/10	Studium der Wirtschaftswissenschaft an der Universität Aachen mit Erwerb des Vordiploms
10/10-03/14	Studium der Volkswirtschaft an der Universität Bonn
	Schwerpunkte: nationale Wirtschaftsbeziehungen und internationales Management
	Diplomarbeit: Entwicklung der Wirtschaftsdaten mitteleuropäischer Länder im Vergleich

Schulischer Werdegang

1996-2002	Realschule Bonn
2002-2004	Höhere Handelsschule Bonn
2005-2007	Abendgymnasium Köln
	Erwerb der allgemeinen Hochschulreife

Zusatzqualifikationen

| Sprachen | Englisch – fließend, Französisch - Schulkenntnisse |
| EDV | Windows (Office), StarOffice, SAP R/3 |

Interessen

Sport (Squash, Fechten), Lesen, Reisen, aktuelles Weltgeschehen

Bonn, 15.8.2014

Kommentar zum Lebenslauf von Juliane Ernst

Persönliche Daten

In diesem Lebenslauf fehlen jegliche Angaben zur Person der Bewerberin. Zwar müssen Angaben zum Alter, zum Geschlecht, zum Familienstand, zur ethischer Herkunft etc. (genaue Erläuterungen finden Sie unter „Was bedeutet das Allgemeine Gleichbehandlungsgesetz für Ihre Bewerbung?") laut dem neuen Allgemeinen Gleichbehandlungsgesetz nicht mehr verpflichtend angegeben werden, der Trend setzt sich in der Praxis jedoch fort, eine Bewerbung mit persönlichen Daten abzurunden.

Reihenfolge der Unterpunkte

Es wäre für den Leser übersichtlicher, wenn die einzelnen Unterpunkte in einer anderen Reihenfolge aufgeführt worden wären. So fragt der Leser sich, warum mit dem Bereich Praktikum und berufliche Erfahrung begonnen wird und dazwischen der schulische Werdegang eingefügt wurde. Die Bewerberin hätte nicht nur inhaltlich, sondern auch im Aufbau ihres Lebenslaufs chronologisch vorgehen sollen. Noch übersichtlicher wäre es, wenn der Punkt „Praktikum und berufliche Erfahrung" in zwei Punkte unterteilt worden wäre.

Tätigkeiten

Für den Leser wäre es interessant gewesen zu erfahren, welche Tätigkeiten die Bewerberin im Rahmen ihrer Praktika, Studentenjobs usw. durchgeführt hat. So entsteht ein eher unzureichendes Bild von Frau Ernst. Führen Sie relevante Tätigkeiten, die für die angestrebte Stelle interessant sind, unbedingt an. Gerade wenn Sie noch am Anfang Ihrer Berufstätigkeit stehen, können Sie durchaus auch Praktika und andere Tätigkeiten nennen.

STRUKTURIEREN SIE DEN LEBENSLAUF EINHEITLICH UND GROSSZÜGIG

Bleiben Sie konstant! Verwenden Sie entweder die Form des chronologischen oder die des gegenchronologischen Lebenslaufs. Eine Vermischung ist nur zulässig, wenn Sie zum Beispiel während einer beruflichen Tätigkeit eine Ausbildung angefangen haben oder diese während einer Tätigkeit beendet haben. Achten Sie dann aber auch auf die genaue Kennzeichnung: Ausbildung.

Versuchen Sie außerdem nicht krampfhaft, alle Angaben auf eine oder zwei Seiten zu quetschen, indem Sie Schriftgröße und Zeilenabstand verkleinern. Meist entsteht dann ein Dokument, das aufgrund seiner Dichte schwer zu lesen ist. Nutzen Sie lieber eine Seite mehr und gestalten Sie das Dokument dafür übersichtlich und leicht lesbar.

Juliane Ernst

    Heidegraben 4
    53111 Bonn
    Tel.: 0228 354273
    Jae@osk.de

Was Sie sonst noch über mich wissen sollten

Die Ausbildung hat mich gelehrt, selbständig und eigenverantwortlich zu arbeiten. Kundenorientierung, unternehmerisches Denken, Teamarbeit und Koordinationsgeschick sind daher keine Fremdwörter für mich.

Während meiner kaufmännischen Ausbildung begann ich am Abendgymnasium Köln meine Hochschulreife nachzuholen mit der Absicht, ein wirtschaftswissenschaftliches Studium anzuhängen.

Nach Abschluss meines volkswirtschaftlichen Studiums kann ich sagen, dass meine Fähigkeiten und mein Interesse auf dem Schwerpunkt der statischen und wirtschaftlichen Analyse und der Aufbereitung nationaler und internationaler Wirtschaftsdaten liegen. Praxiserfahrung konnte ich in diesem Bereich während eines Praktikums bei der Herrmann AG in der Abteilung „Strategische Aufgaben" sowie bei praxisbezogenen Seminaren an der Universität in Köln sammeln.

Durch den Einsatz in verschiedenen wirtschaftswissenschaftlichen Fachbereichen diverser Unternehmen während der Semesterferien bzw. vorlesungsbegleitend habe ich sowohl einen guten betriebswirtschaftlichen Gesamtüberblick als auch spezielle Fachkenntnisse gewonnen.

Persönliche Stärken

Schnelle Auffassungsgabe und logisches Denken

Sicheres Auftreten und Kommunikationsfähigkeit

Ziel- und ergebnisorientiertes Arbeiten

Belastbarkeit und Einfühlungsvermögen

Flexibilität und Freude am selbständigen Arbeiten im Team

Wille, Verantwortung zu übernehmen

Gerne engagiere ich mich außerhalb des universitären Alltags

Patin für Studienortwechsler

Unentgeltliche Nachhilfe in AVWL für ausländische Studenten

Bonn, 15.8.2014

Juliane Ernst

Kommentar zur „dritten Seite" von Juliane Ernst

Kopfzeile

Schade, dass die Bewerberin hier nicht die Kopfzeile aus Anschreiben und Lebenslauf übernommen hat. Das hätte stimmig ausgesehen und zu einer Einheitlichkeit der gesamten Bewerbungsunterlagen geführt.

Unvollständige Aussagen

Frau Ernst beginnt ihren Text mit der Aussage: „Die Ausbildung hat mich gelehrt…". Der aufmerksame Leser fragt sich, auf welche Ausbildung sie sich bezieht.

Belege

Wenn Sie von speziellen Fachkenntnissen sprechen, dann sollten Sie auch angeben, um welche es sich dabei handelt.

Stärken

Stärken einfach nur aufzulisten, das kann jeder. Beweisen Sie Ihre Stärken, indem Sie anführen, wo Sie sie einsetzten konnten. Die Angaben „Patin für Studienortwechsler" und „unentgeltliche Nachhilfe in AVWL für ausländische Studenten" gehören übrigens nicht in den Bereich der Stärken, sondern könnten in einem Extrapunkt „Außeruniversitäres Engagement" aufgeführt werden. Die dort gesammelten Erfahrungen ließen sich ganz wunderbar als Stärken darstellen.

INFORMIEREN SIE SICH ÜBER DIE GEHÄLTER

Sind in einer Stellenanzeige Einkommensvorstellungen gefordert, müssen Sie dazu etwas angeben. Halten Sie sich aber immer eine Hintertür offen, wenn Sie sich nicht sicher sind, wie eine Position dotiert ist. Ein Beispiel wäre: „Ich stelle mir ein Paket von ca. … Tausend Euro als Jahresgesamtvergütung vor." So können Sie immer argumentieren, dass Sie Bonus, Firmenwagen, Firmenrente und andere Dinge dort einbezogen haben, und sind nicht auf einen absoluten Betrag festgelegt. Der bessere Weg ist allerdings, wenn Sie durch Ihre Recherche erfahren, wie die Vergütungspraxis in dem Unternehmen aussieht. Machen Sie lieber auch zu Ihrem Ist-Einkommen realistische Angaben. Bedenken Sie, dass in Personaler Kreisen Einkommensvergleiche zum Tagesgeschäft gehören.

Gesamteindruck

Der erste Eindruck des Anschreibens ist positiv. Eine gute Übersicht und Länge machen den Einstieg leicht. Eine fette Betreffzeile wäre allerdings noch besser. Inhaltlich fällt das Anschreiben leider nicht positiv auf. Nicht nur wird zweimal auf statistische Analysen etc. eingegangen, sondern dieses Thema ist überhaupt nicht von Relevanz für die Position. Frau Ernst wäre erfolgreicher gewesen, wenn sie sich mit ihren Fähigkeiten stärker an den gesuchten Anforderungen der Anzeige orientiert hätte.

Der Lebenslauf ist zu gedrängt. Hier hätte das Gesamtbild stimmiger gewirkt, wenn er auf zwei Seiten aufgeteilt worden wäre. Das größte Defizit bezüglich des Inhalts liegt in der mangelhaften Tiefe der Ausführungen. Erst wenn der Leser erfährt, was der Bewerber eigentlich während der Praktika oder der Ausbildungen gemacht hat, entsteht ein plastisches Bild. Die Praxis zeigt, dass am ehesten konkrete Vorstellungen über einen Menschen Handlungen auslösen. Daher ist ein gewisser Detaillierungsgrad eine wichtige Voraussetzung, um überhaupt zu einem Gespräch eingeladen zu werden.

Die „dritte Seite" ist vom Layout her unbefriedigend. Zudem hätten sich die Inhalte auch gut auf das Anschreiben und den Lebenslauf verteilen lassen. Dadurch wären diese beiden Elemente aussagekräftiger geworden. Nutzen Sie nur dann eine „dritte Seite", wenn Sie bewusst Schwerpunkte setzen wollen, die Sie nicht im Anschreiben oder im Lebenslauf unterbringen können.

ACHTEN SIE AUF STRUKTUR UND PRÄGNANZ

Wie bei allen anderen Dokumenten gilt auch hier: Versuchen Sie nicht, zu viele Informationen auf eine Seite zu packen. Geben Sie zusätzliche Informationen zu Ihrem Anschreiben oder Ihrem Lebenslauf und beschränken Sie sich auf das wirklich Wichtige. Auch für die dritte Seite gilt, dass alle Aussagen der Wahrheit entsprechen müssen. Rechnen Sie in einem sich anschließenden Vorstellungsgespräch immer mit Nachfragen zu Ihren Angaben.

FORMALES FÜR DIE DRITTE SEITE

Der Schrifttyp ist klar und lesbar.	o
Die Schriftgröße ist nicht kleiner als 11 Punkt.	o
Das Papier ist von guter Qualität und entspricht dem, das auch für die anderen Unterlagen verwendet wurde.	o
Die Kopie/der Ausdruck ist gut lesbar und weist keine Tintenflecke oder andere Mängel auf.	o
Der Text ist hinsichtlich Rechtschreibung und Zeichensetzung korrigiert.	o
Die dritte Seite ist handschriftlich unterschrieben (Vor- und Zuname, Ortsangabe und Datum).	o

Bewerbung als Kundenberaterin

Jana Uhlmann bewirbt sich bei Laumanns & Partner

Kurzprofil der Bewerberin

- Studium: MBA – Vertrieb und Medienmanagement, M. A. Betriebswirtschaft
- Neun Jahre nationale sowie internationale Berufserfahrung
- 35 Jahre alt

Ziel

Tätigkeit als Kundenberaterin

Strategie

Die Bewerberin bewirbt sich schriftlich auf eine Stellenanzeige aus der Zeitung bei einer Marketingagentur. Sie möchte ihre umfassenden Erfahrungen und Kenntnisse im Detail darstellen und so überzeugen.

Jana Uhlmann
Kleimannstr. 25   71328 Waiblingen   Mobil: 0148/9302983
Yahide@adk.de

Laumanns & Partner GmbH
Herr Norberts
Kieler Weg 39
70597 Stuttgart

18.09.2014

BEWERBUNG ALS KUNDENBERATERIN

Sehr geehrter Herr Norberts,

Ich habe Ihre Anzeige in der Stadtzeitung gelesen, in der Sie eine Kundenberaterin suchen. Es würde mich ausgesprochen reizen, für eine so erfolgreiche Agentur wie Laumanns & Partner zu arbeiten. Ich habe mehrere Jahre Erfahrung im Marketing, sowohl auf Kunden- als auch auf Agenturseite.

Im Juli 2014 ergriff ich die Möglichkeit, an einem internationalen Projekt im Marketingbereich für die Bekleidungsindustrie in São Paulo, Brasilien, zu arbeiten. Vor diesem beruflichen Auslandsaufenthalt war ich als Marketing-Spezialistin tätig. Ich bin extrem bewandert in allen Bereichen des Marketing und habe in meiner beruflichen Laufbahn zahlreiche nationale Kampagnen auf Kunden- und Agenturseite in diversen Funktionen betreut und umgesetzt. Zudem bin ich mit allen Problematiken während einer Projektphase bis hin zur Umsetzung des Projekts vertraut.

Ich bin davon überzeugt, dass ich das Know-how und das Engagement mitbringe, um einen effektiven Beitrag zu Laumanns & Partner sowie deren Kunden leisten zu können. Mein Lebenslauf wird meine Kompetenz und meine Leistungen in den erforderlichen Bereichen unterstreichen.

Meine Zeugnisse werden viel über meine Belastbarkeit, mein Organisationstalent und meine Sozialkompetenz verraten. Ich arbeite gern mit Menschen. Deshalb ist es für mich wichtig, dass alle Beteiligten bei der Umsetzung eines Projekts ein gutes Gefühl haben.

Kommentar zum Anschreiben von Jana Uhlmann

Kopfzeile

Die Kopfzeile wirkt wenig strukturiert und langweilig. Versuchen Sie, zum Beispiel durch Linien und gleichmäßige Textausrichtung, eine ansprechende Kopfzeile mit allen Daten zu Ihrer Erreichbarkeit zu gestalten.

Betreff

Geben Sie im Betreff immer an, auf welche Stelle Sie sich bewerben und wo Sie die entsprechende Anzeige gefunden haben. Vergessen Sie auch nicht die Kennziffer, sofern in der Anzeige eine solche angegeben war.

Stil und Inhalt

Der Stil, in dem dieses Anschreiben verfasst ist, wirkt ziemlich holprig und unbeholfen. Außerdem kommt die Bewerberin viel zu schnell auf sich selbst und ihre Interessen zu sprechen. Stattdessen hätte sie besser das angeschriebene Unternehmen und den Nutzen, den es von ihrer Einstellung hätte, in den Vordergrund gestellt.

Überflüssige Informationen

Die Angabe, dass die Bewerberin in São Paulo gearbeitet hat, ist für die angestrebte Position ebenso unerheblich wie ihr Know-how im Projektbereich. Hätte sie all diese überflüssigen Informationen weggelassen, hätte das Anschreiben auch gut auf eine Seite gepasst.

Überqualifiziert

Frau Uhlmann bewirbt sich hier um eine Position, für die sie definitiv überqualifiziert ist. Der Leser stellt sich hier zu Recht die Frage, warum sie das tut.

BEWERBER UND STELLE MÜSSEN ZUSAMMENPASSEN

Eine Bewerbung ist nur dann sinnvoll, wenn Kompetenz- und Anforderungsprofil zueinander passen. Bedenken Sie, dass bei einer Überqualifizierung das von Ihnen gewünschte Gehalt wahrscheinlich zu hoch ist und die Arbeit Sie schlichtweg unterfordern und langweilen würde. Bei Unterqualifizierung würden Sie sich ständig unter Druck fühlen und wahrscheinlich die vorgegebenen Ziele nicht erreichen. Weder Sie noch das Unternehmen werden in solchen Fällen glücklich, wenn Sie überhaupt eingestellt werden.

Zu meiner Qualifikation zählt auch, dass ich mehrere Sprachen fließend spreche.

Für die sich hier bietenden Herausforderungen fühle ich mich gut gerüstet und würde mich freuen, diese so schnell wie möglich angehen zu können.

Mit freundlichen Grüßen

Jana Uhlmann

Zweite Seite

Es ist schade, dass die Bewerberin für so wenig Text eine zweite Seite anfangen musste. Hätte sie sich mehr Gedanken darüber gemacht, welche Informationen wirklich ins Anschreiben gehören, wäre sie ziemlich sicher mit einer Seite ausgekommen.

Fremdsprachenkenntnisse?

Hier stellt sich die Frage, ob Fremdsprachenkenntnisse für die Position überhaupt erforderlich sind. Falls ja, gehören die Angaben dazu aber nicht in das Anschreiben, sondern in den Lebenslauf.

BELEGEN SIE, DASS SIE DIE ANFORDERUNGEN ERFÜLLEN

Ihr Bewerbungsanschreiben soll eine zentrale Frage beantworten: Wie kann ich belegen, dass ich die notwendigen Anforderungen erfülle? Finden Sie dazu zunächst heraus, was in der Stellenanzeige gefordert wird. Formulieren Sie dann Aussagen über Ihre entsprechenden Qualifikationen. Rücken Sie sich dabei in das richtige Licht: Gehen Sie insbesondere auf die Aufgaben- und Verantwortungsbereiche ein, die für die zu besetzende Position von Bedeutung sind. Achten Sie darauf, dass Sie vor allem die Muss-Anforderungen nachweisen. Erfüllen Sie zwingende Voraussetzungen für die zu besetzende Stelle nicht, fällt Ihre Bewerbung direkt durch das Raster des Personalverantwortlichen.

Jana Uhlmann

Kleimannstr. 25   71328 Waiblingen   Mobil 0148/930298
                         Yahide@adk.de

Persönliche Daten

Geburtsdatum   05.01.1979

Bildungsweg

2014   **MBA – Vertrieb und Medienmanagement**

              Master Thesis: „Das Marktverhalten Jugendlicher im Bezug
              auf neue elektronische Medien"

2003   **M. A. (JIk) – Betriebswirtschaft**

Berufserfahrung

7/2014   GUT Consultants

                **Internationales Marketingprojekt für die
                Bekleidungsindustrie bei einer führenden
                Management Consultancy in São Paulo, Brasilien**

1/2012–6/2014   Television, Köln

                (Agentur für Marketing, Promotion und Design)

Aufgabengebiete

**Erarbeitung und Durchführung der Marketingkampagnen und
Promotionaktivitäten**

Key Achievements

**Planung, Durchführung und Umsetzung von vier großen nationalen
Kampagnen innerhalb von eineinhalb Jahren**

**Senkung der Produktionskosten um 22 Prozent im ersten Jahr durch
Optimierung der Produktionsprozesse**

Kommentar zum Lebenslauf von Jana Uhlmann

Kopfzeile

Diese Kopfzeile ist schon viel gelungener als die im Anschreiben. Es wäre außerdem schön gewesen, wenn sich die Bewerberin für eine einheitliche Kopfzeile entschieden hätte.

Schulbildung

In diesem Lebenslauf fehlt die Schulbildung völlig. Zwar müssen Sie die Grundschule nicht mehr erwähnen, aber die weiterführenden Schulen sollten im Lebenslauf unbedingt einen Platz finden.

Universität

Leider erfährt man nicht, wie lange und an welcher Universität die Bewerberin studiert hat. Dies ist aber für den zukünftigen Arbeitgeber mit Sicherheit von Interesse.

Sitz des Arbeitgebers

Vergessen Sie bei der Aufzählung Ihrer beruflichen Stationen nie, neben dem Namen den Sitz des Unternehmens anzugeben. Darüber hinaus fehlen hier die Monatsangaben.

Layout

Der Lebenslauf wirkt sehr unstrukturiert und ist schwer zu erfassen. Es wäre besser gewesen, die linke Spalte nur für die Daten zu nutzen. Die anderen Informationen hätte die Bewerberin gut strukturiert und mit optischen Hervorhebungen der jeweiligen Blöcke in die rechte Spalte setzten können.

01–12/2012   Kommunikation OK AG

Aufgabengebiete

Planung, Koordination und Durchführung der klassischen Werbung, Corporate Design

Entwicklung und Umsetzung der Inszenierung von Messeauftritten und wichtigen Konferenzen

 Key Achievements

Minitiierung und Durchführung der Sender-Platzierung, begleitet von einer nationalen Kampagne und einem neuen Design, das das Markenprofil verschärfte und mit mehreren nationalen und internationalen Preisen ausgezeichnet wurde

7/2014   ON-Air-Promotion

Aufgabengebiete

Planung, Durchführung und Koordination aller On-Air-Promotionsmaßnahmen

Ausbau und Stärkung der Dachmarke durch zusätzliche On-Air-Promotionsmaßnahmen

Key Achievements

Steigerung des Maktanteils der Premium-Rechte bzw. -Formate um drei bzw. dreieinhalb Prozent in zwei Jahren

2006-2008   Promotionproducer

<u>Aufgabengebiete</u>

Entwicklung und Umsetzung von kreativen Ideen für Werbespots und Programmtrailer

Mitarbeit an Sonderprojekten wie der kreativen Gestaltung von Pressekonferenzen, Messen und Image-Filmen

<u>Key Achievements</u>

Bester Werbespot in der Kategorie „Lebensmittel" bei UGKL

2005-2006   Mediaplaner

<u>Aufgabengebiete</u>

Verantwortlich für die Mediaplanung aller On-Air-Promotionmaßnahmen

Kommentar zum Lebenslauf von Jana Uhlmann

Stil

Vermeiden Sie verschachtelte Sätze wie diesen. Setzen Sie lieber zwischendurch einmal einen Punkt und beginnen Sie einen zweiten Satz. So liest sich der Text flüssiger und klarer.

Seitenumbruch

Trennen Sie niemals einen zusammengehörigen Block durch einen Seitenwechsel. Hier hätte die Bewerberin besser ihre gesamte Tätigkeit als Mediaplaner auf die nächste Seite gesetzt. Es wäre im Übrigen zu überlegen gewesen, ob es nicht durch eine andere Formatierung möglich gewesen wäre, den Lebenslauf auf zwei Seiten unterzubringen.

WELCHE ANGABEN SOLLEN IN DEN LEBENSLAUF?

Nur wenn eine Ausbildung, ein Studium oder eine Tätigkeit schon mehrere Jahre zurückliegt, brauchen Sie keine detaillierten Informationen dazu mehr zu geben. Wenn Sie jedoch zum Beispiel aktuell berufsbegleitend studieren, sollten Sie sämtliche relevante Informationen in einem eigenen Gliederungspunkt aufnehmen. Dies gilt auch für MBA-Studiengänge.

Key Achievements

Mit der Einführung einer neuen Datenbank basierend auf Zuschauer- und Marktforschung wurde die gesamte Mediaplanungsmethode umstrukturiert – mit dem Ergebnis, dass sie viel effizienter und effektiver gestaltet werden konnte.

Computerkenntnisse	**MS Office, Excel**
Sprachen	**Deutsch, Englisch, Spanisch**

Referenzen	Bea Janson, **TV AG**
	Marketing Manager
	Tel.: 07151 38929
	Hans Baum, **Media Home**
	Director Marketing
	Tel.: 07151 8387

Waiblingen, 18.09.2014
Jana Uhlmann

Kommentar zum Lebenslauf von Jana Uhlmann

Bewertung der Kenntnisse

Die Bewerberin hat vergessen, bei ihren Sprach- und Computerkenntnissen anzugeben, wie gut diese sind. Außerdem ist ihr das Missgeschick passiert, dass sie MS Office und Excel getrennt angegeben hat, obwohl Excel Teil von MS Office ist. Das spricht nicht unbedingt für gute Computerkenntnisse.

Referenzen

Seien Sie vorsichtig mit der Angabe von Referenzen. Am besten nennen Sie sie nur auf ausdrückliche Nachfrage des einstellenden Unternehmens. Falls Sie doch Referenzen angeben, achten Sie darauf, dass die angegebene Person über ihre Rolle informiert ist. Des Weiteren sollten Referenzen lediglich von seriösen und glaubwürdigen Personen gegeben werden, die Ihre Qualifikationen und Ihre Arbeitsleistungen objektiv beurteilen können.

Welche fachlichen Kompetenzen habe ich?

Qualifikation	Abschluss / Note / Zertifizierung/ Erfahrung / Anmerkung
Höchster Schulabschluss	
Ausbildungsabschluss	
Abschluss Fachhochschule	
Abschluss Universität	
Zusatzausbildung	
Weiterbildung	
Sprachkenntnisse	
EDV-Kenntnisse	
Berufserfahrung	
Auslandserfahrung	
Sonstige Erfahrung	
Berufliche Erfolge (Welche Ergebnisse habe ich in der letzten Position erzielt?)	

Gesamteindruck

Dem Anschreiben fehlt ein ansprechendes Aussehen, da die Kopfzeile kaum ausgestaltet wurde. Außerdem ist es unnötig lang, da die Bewerberin Informationen anführt, die für die anvisierte Stelle überhaupt nicht von Bedeutung sind. Der Lebenslauf wirkt sehr unstrukturiert und lädt nicht zum Lesen ein. Darüber hinaus fehlen Angaben zur Schulzeit und den Standorten der einzelnen Arbeitgeber.

Arbeitsblatt: Unterstützung bei Ihrer Anzeigenanalyse

Fragen	Informationsgewinn
Was sagt das Unternehmen über sich? (Größe, Produkte/Dienstleistungen, Mitarbeiter, Marktposition, Kultur, Abgrenzung, Wettbewerb, Sonstiges)	
Was wird über die zu besetzende Stelle ausgesagt? (Aufgaben-/Tätigkeitsbereich, Selbständigkeit, Verantwortungsbereich, hierarchische Einbindung, Karrieremöglichkeit, Sonstiges)	
Welche fachlichen Anforderungen werden an den Positionsinhaber gestellt? (Ausbildung, Studium, Berufserfahrung, Zusatzqualifikation, Sprachkenntnisse, EDV-Kenntnisse, Sonstiges	
Welche sozialen Kompetenzen werden an den Positionsinhaber gestellt? (Führungsqualität, Teamfähigkeit, Durchsetzungsvermögen, unternehmerisches Denken, Kundenorientierung, Sonstiges)	
Welche personenbezogenen Erwartungen werden in der Anzeige formuliert? (Alter, Familienstand, Geschlecht, Sonstiges – dürfen laut AGG nicht mehr angegeben werden)	

Was wird für das Unternehmen und die Position als wichtig beschrieben? (Flexibilität, Mobilität, Reisetätigkeit, Sonstiges)	
Was bietet das Unternehmen? (Festeinkommen, variables Einkommen, Zusatzvergütung, Sozialleistungen, Arbeitszeit, Urlaub, Dienstwagen, Weiterbildung, Sonstiges)	
Welchen Stil hat die Anzeige? Was sagt dieser über das Unternehmen aus?	

Klarsen Software: Aktuelle Stellenangebote

Was kann man eigentlich bei einem Softwarehersteller machen? Dies könnte eine der Fragen sein, die Sie auf diese Seite geleitet hat. Welche Anforderungen muss ich erfüllen, um bei Klarsen Software zu arbeiten? Ist vielleicht eine weitere Frage, die Sie sich stellen.

Genau wie andere Unternehmen teilt Klarsen Software sich in Bereiche wie Vertrieb, Marketing, Verwaltung und Technik auf. Und für jeden Bereich benötigt man eine eigene Art Mensch. Bestimmte Charaktereigenschaften, die es einem ermöglichen, die gestellten Anforderungen mit Freude und Erfolg zu bewältigen.

Doch eine Besonderheit hat die Arbeit bei einem Softwarehersteller. Die IT-Branche ist die schnellste der Welt, die Haltbarkeit der Produkte im Vergleich zu Gütern wie Teller ist eher kurz. Das verspricht viel Abwechslung, ständig etwas Neues, möglicherweise Interessantes. Man muss es mögen, und wenn dem so ist, so kann man die Begeisterung für diese Arbeit nicht mit anderen Jobs vergleichen. Sind Sie bereit für ein bisschen mehr Aufregung in Ihrem Leben? Nur Mut, denn außer unserem Spaß an Geschwindigkeit und unserer Neugierde sind wir ganz normale Menschen.

Kundenbetreuung – Technische Beratung

Beschreibung

Ihr Aufgabengebiet in unserem Team umfasst die Beratung unserer Kunden bei technischen Anfragen vor dem Kauf unserer Produkte. Systemvoraussetzungen und Realisierbarkeit von IT-Projekten sind keine Fremdworte für Sie und die entsprechend guten Kenntnisse unserer Produkte werden Ihnen während der Einarbeitung vermittelt. Mit Ihrem ausgereiften Dienstleistungsgedanken, kombiniert mit technischen Kenntnissen, werden Sie unsere Kunden schnell und kompetent an den passenden Vertriebspartner vermitteln.

Anforderungen

IT-Ausbildung oder ähnliche Kenntnisse, Englischkenntnisse, sicheres Auftreten, Freude am Umgang mit Menschen, Flexibilität, Teamfähigkeit, Interesse und Spaß an modernen Technologien.

Teambetreuung – Technische Beratung

Beschreibung

Ihr Aufgabengebiet in unserem Team ist die technische Beratung unserer Vertriebspartner. Gemeinsam mit Ihnen erarbeiten Sie die technischen Argumente für gemeinsame Marketingaktionen und stehen den Partnern bei anfallenden Fragen Ihrer Kunden rund um unsere Produktionsplatte zur Verfügung. Den Blick über den Tellerrand ermöglicht die Mitreise auf nationale und internationale Computermessen. Mit guten technischen Kenntnissen und einem ausgereiften Dienstleistungsgedanken werden Sie sich schnell in das Team einleben.

Anforderungen

IT-Ausbildung oder ähnliche Kenntnisse, Englischkenntnisse, sicheres Auftreten, Interesse und Spaß an modernen Technologien, Flexibilität, Teamfähigkeit, Freude am Umgang mit Menschen.

Leistungen

Neben einer festen leistungsgerechten Bezahlung erhalten Sie eine betriebliche Altersversorgung. Im Gehalt sind Frühstück, Mittagessen sowie alle Getränke eingeschlossen. Sie können sich Ihre Zeit frei einteilen und bekommen 30 Tage bezahlten Urlaub pro Jahr. Natürlich erwartet Sie ein technisch bestens ausgestattetes Büro.

Diese Stellenanzeige liegt der folgenden Bewerbung zugrunde.

Bewerbung im Bereich Kundenbetreuung/technische Beratung:

Paula Klimke bewirbt sich bei Klarsen Software

Kurzprofil der Bewerberin

- Ausbildung zur Rechtsanwaltsgehilfin
- Elf Jahre Berufserfahrung
- Bereich: kaufmännische Angestellte, technischer Außendienst
- Erfahrung im Umgang mit Privat- und Großkunden
- 34 Jahre Alt

Ziel

Tätigkeit im Bereich Technik und Vertrieb bei einem Software-Unternehmen

Strategie

Die Bewerberin hat sich im Internet über freie Stellen des Unternehmens informiert. Durch Aufzählungen vieler persönlicher Qualifikationen möchte sie den Personalentscheider von ihren Fähigkeiten überzeugen.

Paula Klimke   Steinbeissweg 84   55411 Bingen
Tel. 96721 847234 E-Mail: paulak@idjs.de

Klarsen Software
Herr Schulz
Uferstraße 48
55413 Bingen

15.11.2014

Bewerbung

Sehr geehrter Herr Schulz,

über das Internet habe ich mich über freie Stellen der Firma Klarsen
informiert.

Wie Sie meinen beigefügten Unterlagen entnehmen können, war ich als
Technikerin für die Firma Foxy GmbH im Außendienst tätig. Während dieser
Zeit konnte ich meine früher erworbenen Hardware-Kenntnisse durch diverse
Schilungen in den Bereich Ioni- und Sumba-Scanner sowie Industrie-Plotter
erweitern. Der Umgang mit den gängigen Betriebssystemen wie LHK 98, LHK
2006, LHK 2011 und OJ sowie das Einbinden von Gerätetreibern gehörte in
meinen Arbeitsbereich, da die Firma Foxy für einen namenhaften
Computerhersteller den Hardware-Service übernommen hatte.

Durch meine langjährige Tätigkeit bei der Firma Forline Business GmbH in
Bocholt konnte ich meiner Ausbildung im kaufmännischen Bereich sowohl
technisches Wissen als auch Erfahrung im Umgang mit Kunden hinzufügen.

Eigenverantwortliches Arbeiten wurde bereits bei Forline Business GmbH
gefördert und zeichnete auch meine letzte Tätigkeit aus. Zu meiner Person
gehört ein sehr gutes technisches Verständnis und eine schnelle
Auffassungsgabe, Organisationsgeschick und Flexibilität.

Ich bewerbe mich bei Ihnen um eine Anstellung im Bereich Technik oder
Vertrieb und möchte Sie bitten, meine Unterlagen in dieser Hinsicht zu
prüfen.

Sollten Sie an einem persönlichen Gespräch interessiert sein, würde ich mich
über einen Vorstellungstermin sehr freuen und stehe Ihnen gerne zur
Verfügung.

Mit freundlichen Grüßen

Paula Klimke

Kommentar zum Anschreiben von Paula Klimke

Betreff

Hier hätte die Bewerberin auf jeden Fall erwähnen sollen, auf welche Stelle sie sich bewirbt und woher Sie die Informationen über die freie Stelle hat.

Einleitungssatz

Wenn die Bewerberin diese Information in den Betreff eingefügt hätte – wo sie hingehört – so wäre hier Raum für einen interessanteren Einstieg gewesen.

Stil

Der Stil des Anschreibens wirkt insgesamt unbeholfen und wenig ansprechend. Diesen Absatz hätte die Bewerberin besser so oder ähnlich formuliert: „ Ich war viele Jahre bei der Firma Forline Business GmbH in Bocholt tätig. Dabei konnte ich meine Ausbildung im kaufmännischen Bereich durch technisches Wissen ergänzen und sammelte wertvolle Erfahrungen im Umgang mit Kunden."

GEBEN SIE IHREM ANSPRECHPARTNER ORIENTIERUNG

Die folgenden Einleitungssätze sorgen dafür, dass ihr Ansprechpartner gerne weiterlesen wird. Wenn Sie im zweiten Satz benennen, um welche Stelle Sie sich bewerben, geben Sie ihm zudem Orientierung, um was es geht.

„Vielen Dank für das informative Telefonat am heutigen Vormittag. Wie besprochen, übersende ich Ihnen meine vollständigen Bewerbungsunterlagen."

„Vielen Dank für das informative und angenehme Gespräch, welches ich am … mit Ihnen geführt habe. Das Telefonat hat mein Interesse bestärkt, mich auf die Position als … zu bewerben."

PAULA KLIMKE

PERSÖNLICHE DATEN

- geboren am 17. Oktober 1981 in Bingen
- ledig

BERUFSERFAHRUNG

1.10.2012 – 31.10.2014
Foxy GmbH, Bocholt

Technischer Außendienst

- Fehlererkennung und Reparatur von Computern vor Ort
- Reparatur und Wartung von Industrie-Scannern
- Installation und Reparatur von Industrie-Plottern
- Installation von Betriebssystemen (LHK 98, LHK 2000, LHK 2005) und Gerätetreibern

01.06.2011 – 30.09.2012
Kleinmann AG, Bocholt

Sachbearbeitung Vertrieb

- Auftragssachbearbeitung im Vertriebsinnendienst
- Telefonische Kundenbetreuung im technischen Dienstag
- Auftragserfassung per Computer

01.04.2011 – 31.05.2011
Technika Computersysteme GmbH, Oberhausen

Außendienst Vertrieb Großkunden

- Betreuung von vorhandenen Kunden
- Erarbeiten von Angeboten aufgrund von Einkaufspreisen
- Neuakquise von Großkunden

Kommentar zum Lebenslauf von Paula Klimke

Kopfzeile

Wieso hat die Bewerberin hier nicht auch die Kopfzeile aus dem Anschreiben verwendet? Das wäre ansprechender gewesen und der Personalentscheider hätte alle wichtigen Kontaktdaten auf einen Blick zur Verfügung gehabt.

Layout

Dieser Lebenslauf ist sehr unübersichtlich und wenig leserfreundlich. Gestalten Sie Ihren Lebenslauf immer zweispaltig und nutzen Sie die linke Spalte für die Dateneingabe. Gliedern Sie den Lebenslauf und setzten Sie über jeden Gliederungspunkt eine klar hervorstechende Überschrift, damit sich der Leser zurechtfindet. So wie die Überschriften hier gesetzt sind, in gesperrter Schrift, sind sie schlecht zu lesen.

SO GESTALTEN SIE IHREN LEBENSLAUF

Für die Gestaltung Ihres Lebenslaufs gelten ähnliche Regeln wie für das Gestalten des Anschreibens. Achten Sie auf folgende Details:

- Leicht lesbarer Schrifttyp
- Nur ein Schrifttyp
- Hervorhebungen mit Fettsatz oder Unterstreichungen (sparsam nutzen wegen der Übersichtlichkeit)
- Einzeiliger Zeilenabstand
- Nicht zu viel auf eine Seite, da der Text sonst unübersichtlich wird und der Leser die wesentlichen Informationen nicht mehr rasch erfassen kann
- Klare Struktur, einheitlicher Aufbau
- Prägnant und auf das Wesentliche beschränkt
- Nicht mehr als 30 Zeilen pro Seite
- Gliederungsebenen hervorheben
- Einzelne Gliederungspunkte (Ausbildung, Berufserfahrung usw.) durch zwei Leerzeilen trennen
- Stationen innerhalb eines Gliederungsschwerpunkts durch eine Leerzeile trennen
- Unterschiedliche Schwerpunkte innerhalb einer Station mit einer oder einer halben Leerzeile absetzen

---

1.01.2007 – 31.03.2011
FORLINE GMBH

Außendienst Vertrieb Groß- und Firmenkunden

- Selbständige Betreuung von Firmen- und
  Großkunden
- Organisation und Überwachung von Projekten
- Neuakquise von Großkunden

HORNER GmbH „blackhound"

Kaufmännische Angestellte

- Selbständige Leitung der Gaststätte
- Einkauf des Gastronomiebedarfs
- Einteilung des Personals

01.02.2003 – 31.03.2005
Ewald Meier GmbH

Kaufmännische Angestellte

- Allgemeine Büroarbeiten
- Erstellung von Angeboten
- Telefonischer Kontakt mit Kunden und Lieferanten

AUSBILDUNG

01.08.1998 – 31.01.2001
Rechtsanwalt und Notar Heiner Fuchs

Ausbildung zur Rechtsanwaltsfachangestellten

Juli 1998: Sekundarabschluss I, Fachoberschulreife

Kommentar zum Lebenslauf von Paula Klimke

Sitz des Unternehmens

Auf der zweiten Seite des Lebenslaufs fehlen durchweg die Angaben, wo die jeweiligen Arbeitgeber der Bewerberin ihren Sitz haben.

Daten fehlen

Von wann bis wann hat Frau Klimke bei der Horner GmbH gearbeitet? *Vergessen Sie niemals alle Daten komplett mit Monat und Jahr aufzuführen.* Unvollständige Angaben machen einen schlechten Eindruck.

Schulbildung

Die Bewerberin hat vergessen zu erwähnen, welche Schulbildung sie wo genossen hat. Das gehört aber auf jeden Fall in einen Lebenslauf. Einzige Ausnahme. Die Grundschulzeit.

Datum und Unterschrift

Auch unter einen Lebenslauf gehören immer Datum und Unterschrift. Denken Sie daran.

ÜBERPRÜFEN SIE DIE ZEITANGABEN

Überprüfen Sie immer noch einmal ganz genau die Zeitangaben bei Ihren beruflichen Tätigkeiten und Praktika im Lebenslauf. Stimmen Sie genau überein? Gibt es Überschneidungen, die nicht möglich sein können? Bei der Fülle an Informationen kann schnell eine Ungenauigkeit auftreten, was sie auf jeden Fall vermeiden sollten.

Gesamteindruck

Das Anschreiben ist ansprechend gestaltet, lässt aber stilistisch einiges zu wünschen übrig. Aus ihm geht nicht hervor, warum sich die Bewerberin beruflich verändern möchte. Außerdem fehlt jeder Bezug zu dem Unternehmen, bei dem sie sich bewirbt. Warum möchte sie gerade bei der Firma Klarsen Software arbeiten?

Der Lebenslauf wirkt sehr unstrukturiert und unübersichtlich. Ein ungeduldiger Leser wird ihn daher sofort beiseite legen und die Bewerbung nicht weiter in Betracht ziehen. Wirft er hingegen tatsächlich noch einen zweiten Blick darauf, so fällt ihm auf, dass einige wichtige Details fehlen. Auch dies dürfte dazu führen, dass die Bewerberin keine Chance für ein Vorstellungsgespräch erhält.

BEHALTEN SIE DEN ÜBERBLICK

Am besten legen Sie gleich zu Beginn Ihrer Bewerbungsaktion einen Ordner an, in dem Sie alle Informationen zu den einzelnen Unternehmen sammeln. So haben Sie alles übersichtlich abgelegt und schnell greifbar. Je nach Informationsquelle lohnt sich ein Ordner für Informationen im Papierformat mit einem Register pro Unternehmen und/oder ein entsprechender Ordner auf Ihrem PC.

Übersicht über Ihre Bewerbungsaktivitäten

Kriterium	Unternehmen 1	Unternehmen 2	Unternehmen 3
Vakante Position			
Ansprechpartner			
Bisherige Kontakte			
Wesentliche Informationen			
Produkte/Leistungsfelder			
Wirtschaftliche Situation, Entwicklung			
Kernanforderungen an Bewerber			
Erfüllt folgende meiner Wünsche			
Erfüllt folgende meiner Wünsche nicht			
Sonstiges			

Initiativbewerbung im Bereich Vertrieb

Brunhilde Welling bewirbt sich bei der Der Verlag GmbH

Kurzprofil der Bewerberin

- Ausbildung zur Bürokauffrau
- Weiterbildung zur Fremdsprachenkorrespondentin (Französisch) und Fachkauffrau für Vertrieb
- 16 Jahre Berufserfahrung als Sachbearbeiterin und Projektassistentin
- Bereich: Konzeption, Organisation und Durchführung von Veranstaltungen
- Sehr gute Englisch- und Französischkenntnisse
- 39 Jahre alt

Ziel

Tätigkeit als Projektassistentin oder als Sachbearbeiterin im Bereich Vertrieb

Strategie

Die Bewerberin sucht wegen ihres Umzugs in eine andere Stadt eine neue Tätigkeit. Sie ist über eine Personalberatung auf das Unternehmen aufmerksam geworden und bewirbt sich nun initiativ. Ihre Qualifikationen stellt sie dar und bringt sie in Einklang mit dem Unternehmensportfolio.

Brunhilde Welling
Sonnenstraße 73
41069 Mönchengladbach
Tel. 02166 289377
E-Mail: welling@adf.com

Der Verlag GmbH
Frau Heidemarie Lohmann
Bunsenstraße 3
69118 Heidelberg

Mönchengladbach, den 19.08.2014

Initiativbewerbung (Mein Telefonat mit Herrn Klemens Richter von der Hermann Personalberatung vom 17.08.2014)

Sehr geehrte Frau Lohmann,

während eines Gesprächs mit Herrn Klemens Richter von der Hermann Personalberatung wurde ich auf Ihren Verlag aufmerksam. Da ich umzugsbedingt eine neue Tätigkeit im Großraum Heidelberg/ Mannheim suche, würde ich mich freuen, wenn Sie anhand meiner beiliegenden Bewerbungsmappe eine Einsatzmöglichkeit in Ihrem Hause prüfen könnten.

Ich verfüge über eine Berufsausbildung zur Bürokauffrau sowie eine Weiterbildung zur Fremdsprachenkorrespondentin (Französisch) und zur Fachfrau für Vertrieb. Während meiner bisherigen Tätigkeiten habe ich hauptsächlich als Projektassistentin gearbeitet, ich kann mir aber auch eine Sachbearbeitertätigkeit im Bereich Vertrieb sehr gut vorstellen.

Zurzeit betreue ich neben meinem Job als Projektassistentin des Leiters der Unternehmensstruktur das Hauptmann Sprach-Training für Manager und das dazugehörige Forum. Hier bin ich von der Konzeption der Inhalte über den Druck der Prospekte bis zur Organisation der Veranstaltung beteiligt.

Verglichen mit dem Portfolio Ihrer Dienstleistungen sehe ich viele Überschneidungen. Ich kann mir gut vorstellen, dass Sie Ihr Unternehmen mit einer erfahrenen, engagierten und zielorientierten Mitarbeiterin erweitern möchten.

Über die Einladung zu einem persönlichen Gespräch würde ich mich sehr freuen. Für eine neue Tätigkeit stehe ich ab dem 1.10.2014 zur Verfügung. Sollten Sie darüber hinausgehende Fragen haben, rufen Sie mich bitte gerne an.

Mit freundlichen Grüßen

Brunhilde Welling

Kommentar zum Anschreiben von Brunhilde Welling

Frau Welling hat sich mit einem ausgereiften und aussagekräftigen Anschreiben beworben, das nichts zu wünschen übrig lässt.

Begründung

Gleich zu Beginn geht Sie darauf ein, warum sie den Weg einer Initiativbewerbung wählt. Gerade bei „Blindbewerbungen" ist es für den Leser von Interesse, warum man sich dafür entschieden hat, die Unterlagen zu übersenden.

Umfassender Eindruck

Im Anschluss gelingt es ihr, mit wenigen Worten nicht nur ihre bisherige Ausbildung darzustellen, sondern auch die beruflichen Stationen so zu platzieren, dass der Leser schnell einen umfassenden Eindruck von den Erfahrungen und Qualifikationen erhält.

Gute Vorbereitung

Dadurch, dass sie das Dienstleistungsportfolio des Unternehmens anspricht, macht die Bewerberin erkennbar, dass sie sich schon im Vorfeld der Bewerbung mit der Firma auseinandergesetzt hat.

SO GELINGT IHRE INITIATIVBEWERBUNG

Verkaufen Sie sich nicht unter Wert. Aber vermeiden Sie in Ihrem Anschreiben auch eine allzu lange und ausführliche Selbstdarstellung. Seien Sie auch vorsichtig mit Forderungen (überhöhte Gehaltsforderungen, schnelle Entwicklungsmöglichkeiten etc.) Der beste Weg: Stellen Sie sich weder zu groß noch zu klein dar.

- Sammeln Sie Anzeigen Ihres Zielunternehmens oder der Zielbranche.
- Schreiben Sie sich die Anforderungen an Bewerber hinaus.
- Recherchieren Sie auf der Internetseite des Unternehmens: Wird hier deutlich, was das Unternehmen von seinen Mitarbeitern erwartet?
- Beobachten Sie die Presse. Welche Themen und Probleme sind für Ihr Zielunternehmen oder Ihre Zielbranche gerade von besonderer Bedeutung?
- Gehen Sie in Ihrem Anschreiben auf die mehrfach genannten Anforderungen an Bewerber ein, um zu zeigen, dass Sie den Bedarf des Unternehmens decken können.
- Wenn Sie über entsprechende Qualifikationen verfügen, können Sie Ihren Nutzen als Mitarbeiter bei der Lösung aktueller Fragen und Probleme ansprechen.
- Gehen Sie in Ihren Bewerbungen gezielt auf aktuelle Fragen der Branche ein, bei denen Sie als Mitarbeiter nützlich sein können.
- Bei unternehmensbezogenen Bewerbungen, zum Beispiel wenn Sie aus bestimmten Gründen in einem ganz bestimmten Unternehmen arbeiten wollen, sprechen Sie gezielt Themen an, die das jeweilige Unternehmen betreffen.

Brunhilde Welling
Sonnenstraße 73
41069 Mönchengladbach
Tel. 02166 289377
E-Mail: welling@adf.com

Lebenslauf

Geburtsdatum	08.07.1975
Geburtsort	Bocholt
Familienstand	ledig

Schulbildung

1986 bis 1992	Realschule, Bad Honnef
1992 bis 1995	Städtisches Gymnasium, Bad Honnef Abschluss: Allgemeine Hochschulreife

Ausbildung

09.1995 bis 01.1998	Ausbildung zur Bürokauffrau
01.2003 bis 04.2004	Ausbildung zur Fremdsprachenkorrespondentin (Französisch) Sprachenschule Linz (Abendschule)
05.2004 bis 11.2005	Ausbildung zur Fachkauffrau für Marketing Industrie und Handelskammer zu Bonn (Abendschule)

Kommentar zum Lebenslauf von Brunhilde Welling

Der Lebenslauf ist schlicht und einfach gehalten. Durch die sich wiederholende Kopfzeile aus dem Anschreiben werden die Unterlagen als zusammengehörig wahrgenommen. Frau Welling belegt mit ihrem Lebenslauf die Angaben, die sie vorher im Anschreiben gegeben hat.

WEGE ZUR INITIATIVBEWERBUNG

Bei Initiativbewerbungen sollten Sie alle Ihnen zur Verfügung stehenden Wege nutzen. Neben Zeitung und Jobbörsen gehören dazu auch firmeneigene Homepages, Personalberater und Netzwerke. Denken Sie immer daran, direkt einen persönlichen Ansprechpartner anzuschreiben. Machen Sie sich vorher schlau.

AUCH PRIVATE AKTIVITÄTEN KÖNNEN IHRE KOMPETENZ BELEGEN

Überlegen Sie, bei welchen privaten Aktivitäten Sie solche Kompetenzen erwerben konnten, die auch beruflich bedeutsam sind: Teamsport fördert das Gruppen- und Kommunikationsverhalten, Ausdauersport signalisiert Durchhaltevermögen, Musik und andere künstlerische Aktivitäten fördern die Kreativität usw. Dies sollten Sie dann auch in Ihrer Bewerbung deutlich machen.

Berufliche Tätigkeiten

01.1998 bis 03.1998   Sachbearbeiterin

Abteilung Berichtswesen Neumann GmbH, Bad Honnef

04.1998 bis 06.1998   Sachbearbeiterin

Jochum GmbH, Bad Honnef

07.1998 bis 09.2008   Sachbearbeiterin

Studio Maltke, Bad Honnef

10.2008 bis 12.2009   Projektassistentin der Geschäftsleitung Firma Tönnes

Seit 01.2013   Projektassistentin des Leiters Unternehmensstruktur bei der Hauptmann GmbH, Bad Honnef (u.a. Konzeption und Durchführung von Veranstaltungen

Weitere Kenntnisse

Fremdsprachenkenntnisse   Englisch: sehr gut in Wort und Schrift

Französisch: verhandlungssicher

EDV   Gute Kenntnisse in Word, Excel und PowerPoint

Mönchengladbach, den 19.08.2014

Brunhilde Welling

Gesamteindruck

Hinsichtlich der Gestaltung des Lebenslaufs wäre es optimal gewesen, bei den einzelnen Positionen noch ein bis zwei Haupttätigkeiten zu ergänzen. Dadurch erhalten Personalverantwortliche einen besseren ersten Überblick. Insgesamt eine gelungene Bewerbung, aufgrund derer die Bewerberin hoffen darf, zu einem Vorstellungsgespräch eingeladen zu werden, soweit das Unternehmen gerade über eine passende freie Stelle verfügt.

ÜBERZEUGEN SIE DEN LESER

Achten Sie darauf, dass Sie bei Ihrer Tätigkeits- oder Projektbeschreibung nicht einfach nur Aufgaben auflisten, sondern Ihre Verantwortung und Ihre Ergebnisse beziehungsweise Erfolge deutlich machen. Sie wollen den Leser von Ihren eigenen Kompetenzen überzeugen und ihm nicht einfach nur darstellen, welche Aufgaben zur Position XY gehören.

Bewerbungsmuster Führungspositionen

Bewerbung um die Stelle eines Leiters im Bereich Marketing/Vertrieb

Nicolas Stein bewirbt sich bei einem Büromöbelhersteller

Kurzprofil des Bewerbers

- Ausbildung: Industriekaufmann
- Studium: Betriebswirtschaft, Abschluss: Diplom-Betriebswirt
- 20 Jahre nationale und internationale Berufserfahrungen in leitenden Positionen
- Führungsposition als Vorstand
- Verhandlungssichere Englischkenntnisse
- 53 Jahre alt

Ziel

Tätigkeit in leitender Position als Geschäftsführer oder Leiter im Bereich Marketing oder Vertrieb

Strategie

Der Bewerber bewirbt sich nach einem persönlichen Gespräch mit einem Ansprechpartner seitens des Unternehmens per E-Mail. Er sucht eine neue berufliche Herausforderung, um seine Qualifikationen auszubauen und seinen Horizont zu erweitern. Seiner Bewerbung fügt er eine dritte Seite bei, um den Leser seine Qualifikationen und persönliche Stärken deutlich zu machen.

Von: Nicolas Stein
An: Matthias Hoffmann
Gesendet: 25. September 2014, 15:34 h

Hallo Herr Hoffmann,

zuerst möchte ich mich nochmals für das freundliche, ausführliche und informative Gespräch mit Ihnen bedanken. Es freut mich sehr, dass Sie mich bei der Besetzung der vakanten Position in Ihrem Unternehmen bedacht haben.

Beigefügt erhalten Sie
- Meinen Kurz-Lebenslauf
- Ein Qualifikationsprofil

Ich suche auf meinem bisherigen Lebenslauf aufbauend, nun eine neue interessante Herausforderung als Geschäftsführer/Leiter Marketing und Vertrieb in einem attraktiven Unternehmen. Wie ich schon in unserem Gespräch erwähnte, habe ich in meiner letzten Position als Vorstand der Feix AG maßgeblich am Verkauf des Unternehmens an einen italienischen Unternehmer mitgewirkt. Aufgrund von Schwierigkeiten, die mit diesem Verkauf entstanden sind, bin ich Anfang des Jahres von meiner Position als Vorstand zurückgetreten. Diesen Schritt habe ich aus freien Stücken gewählt.

Sollten Sie nach unserem netten Gespräch und nach der Sichtung der Unterlagen Interesse an einer Zusammenarbeit haben, so biete ich mich gerne jederzeit für ein persönliches Gespräch mit Ihnen an, indem Sie auch alle weiteren relevanten Unterlagen von mir erhalten und wir die Möglichkeit haben, uns auszutauschen.

Für weitere Fragen stehe ich Ihnen gerne zur Verfügung und freue mich, von Ihnen zu hören.

Mit freundlichen Grüßen in die Schweiz

Ihr
Nicolas Stein

Nicolas Stein
Kleine Straße 2
25992 List/Sylt
Tel.: +49 4651 9520012
Mobil: +49 154 9520000
Fax: +49 4651 9520013
E-Mail: Nicolas.Stein@list.de

Kommentar zum Anschreiben von Nicolas Stein

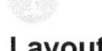

Layout

Wenn Sie eine Bewerbung per E-Mail verschicken, schreiben Sie entweder einen kurzen Text und verweisen Sie auf das Anschreiben, den Lebenslauf und die restlichen Anlagen im Anhang oder Sie platzieren Ihr Anschreiben in der E-Mail selbst. Dann allerdings sollten Sie darauf achten, dass das Layout entsprechend gestaltet ist und zu den restlichen Unterlagen passt. Auch in einer E-Mail können Sie zum Beispiel eine Kopfzeile einfügen. Ebenfalls ist die Betreffzeile einer E-Mail von großer Bedeutung. Machen Sie an dieser Stelle von vornherein deutlich, welchen Inhalt der Leser in Ihrer E-Mail vorfinden wird.

Anrede

Die Anrede „Hallo Herr Hoffmann" ist deplatziert. Bleiben Sie bei einer Bewerbung immer sachlich und legen Sie Wert auf Stil und Etikette.

Ausdruck

Der zweite Satz könnte so verstanden werden, dass bereits eine Entscheidung gefallen ist. Im vorletzten Absatz wird dann aber klar, dass sie noch bevorsteht. Eine Bewerbung um eine Führungsposition setzt voraus, dass der Bewerber die deutsche Grammatik beherrscht. Vermeiden Sie daher solche Fehler.

Fehler gemacht?

Der Leser fragt sich bei dieser Formulierung zu Recht, warum Herr Stein von seiner Position als Vorstand zurückgetreten ist. Hat er einen Fehler gemacht oder gab es andere Gründe?

Unternehmensbesetzung fehlt

Es wäre für den Leser bestimmt schön gewesen zu erfahren, was Herr Stein für das Unternehmen tun kann, wenn er eingestellt wird. Natürlich ist es wichtig zu erklären, welche Fähigkeiten ein Bewerber vorweisen kann, aber er sollte dem Unternehmen auch darlegen, was es davon hat, ihn einzustellen.

Grußformel

Nun gut, jetzt wissen wir zumindest, dass Herr Stein sich in der Schweiz bewirbt. Allerdings gehört diese Information nicht in die Grußformel, sondern inklusive der restlichen Unternehmensangaben an den Anfang des Anschreibens unter die Daten des Absenders.

Absender

Ihre Absenderdaten sollten Sie immer an den Anfang des Anschreibens setzen.

Nicolas Stein
25992 List/Sylt
Phone: +49 4651 9520012
Mobil-Phone: +49 154 9520000
Fax: +49 46519520013
E-Mail: Nicolas.Stein@Stein.list.de

Lebenslauf

Persönliches	Geboren am 11.02.1961 in Aschaffenburg, verheiratet seit 1988, zwei Kinder
• Schulbesuche	02.07.1968-01.04.1978 Volksschule und Handelsschule, Mittlere Reife
• Berufsausbildung	15.04.1978-31.03.1981 Industriekaufmann bei Stein & Schmidt
• Wehrdienst	02.05.1982-28.02.1984
• Studium	01.03.1984-31.03.1987 Betriebswirtschaft an der Ulmer Fachhochschule, Diplombetriebswirt

Beruflicher Werdegang

01.09.2013-31.01.2014

Feix AG
   Vorstand
Die FeixAG betreibt eine Internet-Service- und Einkaufsplattform. Die gesamte Verantwortung für das Geschäft mit der Aufgabe, das Unternehmen neu zu strukturieren und wirtschaftlich zu sichern, lag bei mir. Unter meinem Vorstand wurden alle gesteckten Ziele erreicht und schwarze Zahlen vermerkt.
Nach dem Verkauf der AG trat ich am 31.01.2014 als Vorstand des Unternehmens zurück.

02.01.2013-30.08.2013

BSO Germany GmbH
   Geschäftsführer Deutschland/Schweiz
BSO ist ein national und international operierendes Unternehmen der individuellen Bürotechnik.
Zu meiner Position als Geschäftsführer gehörte die Verantwortung für den gesamten Vertrie in der Schweiz und in Deutschland. Zu meiner Verantwortung gehörte es auch, neue Standorte aufzubauen und zu etablieren.

Kommentar zum Lebenslauf von Nicolas Stein

Absenderdaten

Vom Layout her würde dieser Lebenslauf ansprechender wirken, wenn die Absenderdaten entweder in einer Kopfzeile untergebracht oder zumindest mittig oder links angeordnet wären. Sie wirken ein wenig fehlplatziert.

Extrapunkt

Die Bereiche „Schulbesuche", „Berufsausbildung", „Wehrdienst" und „Studium" haben nichts unter „Persönliches" zu suchen. Richten Sie hierfür einen Extrapunkt „Ausbildung" ein. Den Wehrdienst können Sie hier mit hineinnehmen oder Sie fügen dem Lebenslauf eine weitere Zwischenüberschrift „Wehrdienst" hinzu.

Zeitangaben

Es wäre Übersichtlicher gewesen, auch die Zeitangaben unter den gerade genannten Unterpunkten links zu platzieren, passend zu den restlichen Angaben.

Sitz des Unternehmens

Geben Sie immer an, bei welchem Unternehmen Sie gearbeitet haben und wo sich dessen Sitz befindet. Nur so kann sich der Leser ein vollständiges Bild Ihres Werdegangs machen.

Leerzeilen

Der Lebenslauf wäre übersichtlicher, wenn der Bewerber zwischen die einzelnen Berufsstationen jeweils eine Leerzeile eingefügt hätte. So würden sich die einzelnen Bereiche auf den ersten Blick besser voneinander abheben.

ZUM ELEKTRONISCHEN VERSAND VON BEWERBUNGSUNTERLAGEN

- Bevor Sie dem Unternehmen Ihre Bewerbungsunterlagen zusenden, mailen Sie erst an sich selbst oder an Bekannte/Verwandte, um zu sehen, ob sich die Formatierungen verändern und Sie noch Veränderungen vornehmen müssen.
- Fügen Sie Ihrer Online-Bewerbung Ihren Lebenslauf, wesentliche Zeugnisse und sonstige Anlagen als Anhang an. Verwenden Sie jedoch nur die üblichen Dateiformate wie doc oder pdf. Am besten versenden Sie Ihre Unterlagen als pdf-Dateien. So stellen Sie sicher, dass sich Formatierungen nicht verändern
- Achten Sie auf die Größe der Dateien, die Sie anhängen. Die meisten Unternehmen haben in ihrer Firewall eine Größenbegrenzung, sodass E-Mails mit mehr als 4 MB, zum Teil mit mehr als 3 MB nicht durchgelassen werden.

15.10.2010-15.12.2012	**Mann GmbH & Co. KG** 　　**Geschäftsführer Mann Deutschland** Die Mann GmbH & Co. KG beinhaltet zwei Geschäftsbereiche: die Vermarktung von Büromöbeln und des dazugehörigen Bürobedarfs. Der erwirtschaftete Umsatz lag bei 95 Mio. € bei einer Zahl von 400 Mitarbeitern. Meine Position forderte, den genauen Bericht an den Vorstand zu geben und das Unternehmen weiterhin wirtschaftlich zu fördern.
01.06.2004-30.09.2010	**Friola GmbH** **01.05.2009-30.09.2010** 　　**Vertriebsleiter Friola Germany GmbH** Verantwortung des gesamten Direktgeschäfts in Deutschland und Europa. Hauptaufgabe: Zusammenführung der Tochterkonzerne. Alleinige Personalverantwortung als Geschäftsführer für über 700 Mitarbeiter bei einem Umsatz von über 300 Mio. DM im Jahr **01.06.2004-30.03.2009** 　　**Geschäftsführer Friola Funktionsmöbel GmbH** Organisation der Vermarktung neuer Produkte, wie Kopiergeräte, verstellbare Tischmöbel, Drucker aller Art und Drahtklammerbindungssysteme in Süddeutschland. Alleinvertretungsberechtigter Geschäftsführer für Verwaltung, Vertrieb und Kundendienst mit einem Mitarbeiterstamm von 100 Personen bei einem Umsatz von etwa 30 Mio. DM (GB:95/96).
01.03.1990-28.02.2001	**BA Xaver AG** 　　**Leiter des Verkaufsbereichs** Weltweiter Support und Vertrieb von Funktionsmöbeln und Bürozubehör (PC, Drucker, Software, Tischmöbel). Verantwortlicher Leiter des Projekts „Produkteinführung international". Controlling von Umsatz- und Absatzentwicklungen.
02.01.1990-28.02.2001	**VAK Konzern** **15.07.2000-28.02.2001** 　　**Leiter der internationalen Märkte in Afrika und Saudi Arabien der VAK-Holding GmbH** **01.09.1998-31.03.2000** 　　**Leitung des deutschen Vertriebs der VAK-Holding AG Inland** **01.03.1998-31.08.1998** 　　**Leitung Vertrieb und Marketing** **15.05.1995-15.06.1996** 　　**Controlling der VAK-Holding GmbH** **01.01.1990-30.07.1994** 　　**Stellvertretender Abteilungsleiter und Referent der VAK Inland Zentrale**
01.08.1984-15.12.1989	**Nordschluck GmbH** 　　**Assistent der Geschäftsleitung**
15.04.1981-31.05.1982	**Deutsche BP** 　　**Verkaufskorrespondent**

Nicolas Stein, Sylt, 25. September 2014

Kommentar zum Lebenslauf von Nicolas Stein

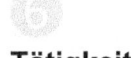

Tätigkeiten

Hier stellt sich die Frage, was für ein Unternehmen VAK Konzern eigentlich ist. Nähere Ausführungen hätten mehr Klarheit geschaffen.

Datum und Unterschrift

Geben Sie immer zuerst das Datum an und unterschreiben Sie den Lebenslauf anschließend.

LASSEN SIE SICH ZEIT

Lassen Sie sich Zeit beim Schreiben Ihres Lebenslaufs. Es empfiehlt sich, ihn nicht unter Druck zu verfassen, die Bewerbung gleich morgen losschicken zu wollen. Legen Sie vielleicht schon im Vorfeld einen Lebenslauf an, damit Sie ihn immer nur noch um neue Bereiche erweitern müssen. So haben Sie immer einen ersten Entwurf zur Hand und müssen nicht jedes Mal wieder alle Unterlagen heraussuchen, um die Details zu überprüfen, von wann bis wann Sie in welchem Unternehmen waren.

Wenn es dann zu einer Bewerbung kommt, überlegen Sie, welche Bereiche für die neue Position besonders wichtig sind und welche weniger. Konstruieren Sie darauf aufbauend Ihren jeweiligen positionsspezifischen neuen Lebenslauf. Wenn Ihr Lebenslauf sehr lang ist, beschränken Sie sich bei den Tätigkeitsbeschreibungen auf die Bereiche, die für die angestrebte Position relevant sind.

Sind alle Pflichtangaben in meinem Lebenslauf enthalten?

Name	O
Geburtsdatum und Geburtsort	O
Familienstand, Anzahl der Kinder	O
Staatsangehörigkeit	O
Schulausbildung (inclusive Fach- und Hochschulen)	O
Berufsausbildung	O
Berufstätigkeiten	O
Berufsbezogene Fortbildungsmaßnahmen	O
Angaben zu Zivil- oder Wehrdienstzeiten	O
Angaben zu Sprachkenntnissen	O
Angaben zu EDV-Kenntnissen	O

Qualifikationsprofil von Nicolas Stein

Meine Qualifikationen

- Führungskraft mit über 20 Jahren Erfahrung als Bereichsleiter, Geschäftsführer, Vorstand in Vertriebsorganisation bzw. Vertriebsgesellschaften.
- Immense Erfahrung in der Vertriebsbranche (Organisation etc.) und berufliche Qualifikation in verschiedensten Unternehmen mit der Erfahrung, Verantwortung zu übernehmen.
- Nationale und internationale Berufserfahrung in großen Konzernen.
- Sehr gute, verhandlungssichere Englischkenntnisse.
- Gute Kenntnisse und starke Kompetenz im B-to-B-Business.
- Gute Akquisitionserfahrung.

Meine persönlichen Stärken

- Ich bin ein guter Manager mit einem starken unternehmerischen Denken und Handeln und besitze das nötige Hintergrundwissen im kaufmännischen Bereich.
- Mitarbeitern, Kunden, Vorgesetzten und Geschäftskollegen bin ich immer ein loyaler, zuverlässiger und vertrauenswürdiger Kollege.
- Die Neu- und Umstrukturierung verschiedenster Unternehmen und das Aufbauen neuer und alter Konzerne hat gezeigt, wie ich als Geschäftsführer handle – so, dass alle beteiligten Parteien zufrieden sein können.
- Ich besitze gute, konzeptionelle Fähigkeiten.
- In meinem Denken und Handeln bin ich ein zielorientierter Mensch.
- Trotz meiner starken Zielorientiertheit bin ich immer konsensfähig.
- Aktivität in allen Bereichen der Planung und Entwicklung ist meine Devise – vereinbarte Ziele zu erreichen und Budgets zu halten meine Maxime.
- Meine kommunikative Fähigkeit sowie meine soziale Kompetenz bringe ich in allen Lagen als Manager in meine Arbeit mit ein.
- Positive Wirkung auf meine Mitarbeiter und mein Umfeld ist mir genauso gegeben wie die Gabe, meine Kunden, Mitarbeiter und Freunde stets zu motivieren und aufzubauen.
- Freunde schätzen meine Menschenkenntnis und meine Fähigkeit, Empathie zu fühlen und zu zeigen.

Sylt, 25. September 2014

Kommentar zur „dritten Seite" von Nicolas Stein

Überschrift

Schöner wäre es gewesen, wenn Herr Stein seine Daten noch einmal extra aufgeführt hätte (bevorzugt in einer Kopfzeile) und als Überschrift zum Beispiel „Meine Qualifikationen" oder „Was Sie sonst noch über mich wissen sollten" gewählt hätte.

Schriftgröße

Das Qualifikationsprofil von Herrn Stein lässt sich sehr schlecht lesen. Das hätte er vermeiden können, wenn er die Schrift einen Punkt größer gesetzt hätte.

Ausdruck

Im Text finden sich zu viele „Ich" und zu wenig Belege für die Aussagen. Herr Stein spricht durchweg von seinen enorm guten Kenntnissen und Fähigkeiten, führt aber an keiner Stelle an, wo er diese angewendet hat. Auch die Formulierungen einzelner Sätze lassen zu wünschen übrig. Häufig wird erst beim zweiten Lesen klar, was der Bewerber eigentlich mitteilen will.

GESTALTEN DIE IHR E-MAIL ANSCHREIBEN WIE EINEN NORMALEN BRIEF

Denken Sie daran, dass ein E-Mail Anschreiben und der mitgeschickte Lebenslauf die gleiche Aufmerksamkeit wie Unterlagen in Papierform verdienen. Gestalten Sie sie immer so, dass das Layout und die Aufteilung ansprechend und übersichtlich wirken, auch wenn die Unterlagen dem Leser in ausgedruckter Form vorliegen.

Gesamteindruck

Nach dem ersten Eindruck hätte Herr Stein sich mehr Mühe mit dem Layout geben sollen. Zudem gelingt es ihm nicht, ein klares Bild von sich zu skizzieren und damit den Leser neugierig auf den Lebenslauf zu machen. Anstelle von Schwierigkeiten sollte er zwei bis drei Schlüsselqualifikationen erwähnen, die ihn für die Stelle qualifizieren. Darüber hinaus sind viele Sätze verschachtelt und zu lang.

Der Lebenslauf von Herrn Stein wirkt (abgesehen von den Absenderdaten) sehr ansprechend. Es ist ersichtlich, dass sich der Bewerber sehr viel Mühe mit dem Gestalten seines Lebenslaufs gegeben hat. Und doch ist er im Detail voller Fehler und nicht akzeptabel. Die vielen Formatierungspatzer nehmen dem Leser das Vertrauen in die Gewissenhaftigkeit des Bewerbers. Positiv anzumerken ist hingegen der inhaltliche Aufbau. Dem Leser wird klar, wie sich die Karriere in den letzten zehn Jahren entwickelt hat. Besonders die Nennung von Mitarbeiter- und Umsatzzahlen trägt dazu bei. Schade, dass der Bewerber das nicht auch für die Zeit davor gemacht hat.

Die „dritte Seite" ist insgesamt wenig überzeugend. Durch die zu kleine Schriftgröße wird das Lesen mühsam und der Seite fehlt insgesamt die Aussagekraft, weil keine Belege für die Aussagen folgen. Auch auf der „dritten Seite" gelingt es dem Bewerber nicht, sich und seine Stärken in einen Bezug zum Unternehmen oder zur Position zu bringen.

Um mit Ihrer Bewerbung Erfolge zu erzielen, müssen Sie sich mit ihr selbst vermarkten. Denn sich zu bewerben heißt, sich zu verkaufen. Um sich gut verkaufen zu können, müssen Sie als Erstes wissen, was Sie überhaupt verkaufen und wem Sie es verkaufen wollen. Einen Einstieg in das Thema „Selbsteinschätzung" finden Sie über das folgende Arbeitsblatt. Versuchen Sie, die Felder anhand der Fragen „Was kann ich?" und „Was will ich?" zu füllen.

Arbeitsblatt: Kompetenz und Motivation

Was kann ich? Meine Kompetenzen	Was will ich? Meine Motivation

---

STELLEN SIE IHRE STÄRKEN DIFFERENZIERT DAR

Indem Sie das obige Arbeitsblatt ausfüllen, verschaffen Sie sich einen ersten groben Überblick über Ihre persönlichen Stärken. In Ihrer Bewerbung und mehr noch in einem Vorstellungsgespräch sollten Sie diese allerdings differenziert darstellen und möglichst Situationen aus Ihrem Arbeitsalltag hinterlegen können.

Bewerbung an eine Personalagentur/einen
Headhunter für eine Geschäftsleitungsposition
Dr. Sebastian Weber bewirbt sich bei Frau Weidemann

Kurzprofil des Bewerbers

- Studium: Verfahrenstechnik
- Promotion zum Doktor Ingenieur mit „sehr gut"
- 14 Jahre Berufserfahrung als Projektmanager und in leitenden Positionen
- Branche: IT – und Engineering-Unternehmen
- Führungsposition als Vorstand, zeitweise als Alleinvorstand
- 41 Jahre alt

Ziel

Tätigkeit als Geschäftsleiter eines technologieorientierten Unternehmens

Strategie

Der Bewerber hinterlässt seine Bewerbungsunterlagen bei einem Headhunter beziehungsweise bei einer Personalagentur. Er möchte seinen Arbeitsplatz wechseln, um seine Qualifikationen auszubauen und seinen Horizont zu erwietern. Durch einen strukturierten Lebenslauf hebt er seine umfassenden Erfahrungen, Kenntnisse und Fähigkeiten hervor.

Dr. Sebastian Weber
Königsstraße 55
55130 Mainz

Frau
Brigitte Weidemann
Kolkstraße 53
10417 Berlin

Mainz, den 13. September 2014

Unser Telefonat/meine Unterlagen

Sehr geehrte Frau Weidemann,

wir hatten uns telefonisch darüber unterhalten, dass ich Ende September meine Tätigkeit als Vorstand der NetEnergy AG beende. Nach einer geplanten Beratertätigkeit für NetEnergy suche ich ab November 2014 eine neue Herausforderung.

Meine dreijährige Zeit als Vorstand, davon ein Jahr als Alleinvorstand, waren geprägt durch den Generationswechsel von der eigentümergeführten Gesellschaft hin zur börsenorientierten AG, der Integration von neuen Tochterunternehmen und komplexen Restrukturierungsaufgaben. NetEnergy erzielt heute wieder operativ ausgeglichene Ergebnisse und konnte den Umsatz deutlich ausweiten.

Diese Erfahrungen möchte ich nun in eine neue Führungsaufgabe einbringen. Dabei suche ich vorzugsweise eine Geschäftsleitungsposition in einem technologieorientierten Unternehmen der Prozessindustrie oder in einem in diesem Umfeld tätigen Dienstleistungsunternehmen. Für eine Übergangszeit kann ich mir gut vorstellen, projektweise beratend oder als Interimsmanager tätig zu werden.

Sie hatten mir angeboten, meine Unterlagen Ihnen zuzusenden. In der Anlage schicke ich Ihnen deshalb meinen aktualisierten Lebenslauf und ein Profil als Interimsmanager. Für weitere Informationen stehe ich Ihnen gerne zur Verfügung. Und freu mich auf ein persönliches Gespräch mit Ihnen.

Schon jetzt bedanke ich mich herzlich für Ihre weitere Unterstützung und verbleibe

Mit freundlichen Grüßen

Sebastian Weber

Kommentar zum Anschreiben von Dr. Sebastian Weber

Daten

Es fehlen sowohl die Telefonnummer als auch die E-Mail-Adresse und Mobilfunknummer.

Kompetenzen

Auch wenn Sie sich bei einem Headhunter oder einem Personalberater bewerben, sollten Sie Ihre Kompetenzen bereits im Anschreiben näher ausführen. So gewinnt der Berater einen groben Einblick über Ihr Profil und kann schneller erkennen, ob Sie auf eine vorhandene Stelle passen oder nicht.

Grammatik

Grammatikfehler in einer Bewerbung sollten Sie auf jeden Fall vermeiden. Lassen Sie Ihre Unterlagen immer von Freunden oder Bekannten Korrektur lesen.

Ausdruck

Schreiben Sie nicht, wie Sie im Alltag sprechen. Aus „gern" und „freu" sollte immer „gerne" und „freue" werden.

HABEN SIE GEDULD

Eine Vermittlung durch Personalberatungen kann einige Zeit in Anspruch nehmen. Sie sind als Kandidat dann interessant, wenn ein entsprechender Suchauftrag vorliegt. Bis dahin werden Sie in die Datenbank aufgenommen. Eine Liste von Personalberatern erhalten Sie zum Beispiel über den Bund deutscher Unternehmensberater e.V. (www.bpv-info.de) in Wiesbaden. Die Agentur für Arbeit stellt auf ihren Internetseiten ebenfalls eine Liste bereit.

LEBENSLAUF

Persönliche Daten

Name: **Dr. Sebastian Weber**

Anschrift: Königsstraße 55
                                   55130 Mainz

Telefon: 06131 5588463 (priv.)
                                   0180 8597365 (mobil)

Geburtsdatum und -ort: 2.2.1974 in Ahaus/Westfalen
Familienstand: verheiratet, drei Kinder

Beruflicher Werdegang

4/2012-9/2014	**Vorstand der NetEnergy AG**, Heidelberg
10/2013-5/2014	**Alleinvorstand der NetEnergy AG**
	Leitung der Geschäftsbereiche IT und Engineering sowie der Administration inkl. Finanzresort
	(Umsatz ca. 40 Mio. Euro, ca. 400 Mitarbeiter)
1/2013-2/2014	Verwaltungsvorsitzender der NetEnergy Ingenieur AG, Genf
10/2013	**Alleinvertretungsberechtigung**
Ab 6/2012	**Leitung des Geschäftsbereich Engineering**
	(Umsatz ca. 27 Mio. Euro, ca. 220 Mitarbeiter)
1/2006-5/2012	**Charles Meyers Inc., Mainz**
	Managementberatung: Organisations-, Strategie- und Restrukturierungsprojekte in Produktion, Technik, Forschung und Marketing internationaler Unternehmen der chemischen und pharmazeutischen Industrie sowie des Anlagebaus
1/2012	**„Senior Projekt Manager"**
6/2009	**„Projekt Manager"**

Kommentar zum Anschreiben von Dr. Sebastian Weber

Schriftformatierung

Der Lebenslauf wäre noch übersichtlicher geworden, wenn Herr Weber einen einheitlichen Schriftschnitt gewählt hätte. Es wird nicht ersichtlich, warum einige Bereiche fett gesetzt sind und andere nicht. Sinnvoll ist es, die einzelnen Unternehmensdaten fett hervorzuheben, aber der Rest des Textes sollte dann in einem einheitlichen Schriftschnitt gehalten werden.

Zeitliche Überschneidungen

Seinem Lebenslauf entnehmen wir, dass Herr Weber zu verschiedenen Zeitpunkten in mehreren Unternehmen gleichzeitig beschäftigt war. So zum Beispiel zum Zeitpunkt 01/2006 bis 12/2006. Hier war Herr Weber den Angaben entsprechend auf der einen Seite noch bei der Pharma X AG beschäftigt (siehe folgende Seite) und fing währenddessen schon bei Charles Meyers Inc. an. Kann das sein oder liegt hier ein Fehler vor? Wenn es wirklich eine solche Überschneidung gab, hätte Herr Weber kurz auf diesen Aspekt eingehen sollen, um den Leser nicht zu verwirren.

WÄHLEN SIE EINHEITLICHE FORMATE

Um einen positiven Gesamteindruck zu erzielen, empfiehlt es sich, sowohl beim Anschreiben als auch beim Lebenslauf das gleiche Format, die gleiche Schrift etc. zu nutzen. Damit wirkt ihre gesamte Bewerbung harmonisch und stimmig.

1/2004-12/2006	**Pharma X AG** in Oldenburg und Gerolstein
	Technischer Betriebsleiter („Bereichsingenieur")
	Verfahrensentwicklung und Prozessoptimierung
	Verschiedene BWL- und Management-Seminare
9/2000-10/2006	**Gesellschaft für Forschung der Biotechnologie**
	G-BIOTEC in Paderborn
	Forschungstätigkeit zur Entwicklung von Bioprozessen
	Vorbereitung zur Promotion
6/1995-10/1995	Grundwehrdienst in Hagen und Bielefeld

Ausbildung

2/2004	**Promotion zum Doktor-Ingenieur mit „sehr gut"**
	Thema: „Bioreaktoren – scale up"
9/2000	**Diplom „mit Auszeichnung"**
1-6/2000	Diplomarbeit am Forschungsinstitut der Steinindustrie Köln
1993-2000	**Studium der Verfahrenstechnik an der TU Siegen**
1992-1998	Praktika in Maschinenbau-, Zement- und Gießereiindustrie
6/1992	**Abitur (Note 2,1)**
1983-1992	**Gymnasium „Paulinum" in Ahaus**
1979-1983	Grundschule in Ahaus

Private Aktivitäten	Reiten, Skifahren, Golf, Natur

13. September 2014

Kommentar zum Lebenslauf von Dr. Sebastian Weber

Lücken

Was hat Herr Weber in der Zeit von 10/2003 bis 01/2004 gemacht? Hierüber finden sich leider keine Angaben im Lebenslauf. Geben Sie immer alle Daten an. Wenn Sie in einem solchen Zeitraum nicht berufstätig waren, dann überlegen Sie, was Sie gemacht haben. Vielleicht waren Sie im Ausland oder haben einen Angehörigen gepflegt. Versuchen Sie Lücken mit einer sinnvollen Angabe zu begründen. Allerdings sollten Sie sich auch nichts ausdenken. Letztendlich geht es nur darum, dass diese Zeit abgedeckt ist.

Extrapunkt

Gönnen Sie dem Wehrdienst einen Extrapunkt. Wenn Sie das nicht möchten, ordnen Sie ihn der Ausbildung zu.

Grundschule

Die Grundschule können Sie bei so vielen Jahren Berufserfahrung bedenkenlos aus dem Lebenslauf streichen.

BAUEN SIE IHREN LEBENSLAUF ÜBERSICHTLICH AUF

Bauen Sie Ihren Lebenslauf so auf, dass sich die Chronologie beziehungsweise Gegenchronologie nachvollziehen lässt. Es wirkt auf den Leser sehr abschreckend, wenn er erst lange suchen muss, um zu erfahren, wie die Berufstätigkeit verlaufen ist.

Dr. Sebastian Weber

Königsstraße 55, 55130 Mainz

Tel./Fax: 06131 5588463, mobil: 0180 8597365

E-Mail: sebastian.weber@m-online.de

Profil	Operativer Vorstand/Geschäftsführer, Jahrgang 1973
	Initiierung und Moderation von Veränderungsprozessen, Überbrückung von Vakanzen, Projektleitung, Restrukturierung/Sanierung, Workshops, Coaching

Kurzlebenslauf

2011-2014	Vorstand, zeitweise Alleinvorstand, der NetEnergy AG (IT und Engineering-Unternehmen, ca. 400 Mitarbeiter)
2013	Börsengang der NetEnergy AG
2005-2011	Senior Manager bei Charles Meyers Inc., Managementberatung
2003-2005	Bereichsingenieur in der Produktion bei der Pharma X AG
1999-2002	Gesellschaft für Forschung der Biotechnologie G-BIOTEC
1992-1999	Studium der Verfahrenstechnik an der TU Siegen

Branchen	**Stärken**
- Chemie Pharma	- General Management
- Anlagenbau	- Inhaltliche Orientierung
- Zementindustrie	- Analytisches Denkvermögen
- Prozessindustrie	- Ergebnisorientierung
- Start-up-Unternehmen	- Flexible Problemlösung
- IT	- Kreativität
- Dienstleistungen	- Teamfähigkeit
- Biotechnologie	- Kooperative Führung

Kommentar zum Profil von Dr. Sebastian Weber

Promotion

Herr Weber hätte seine Promotion im Kurzlebenslauf noch einmal aufnehmen sollen, da sie während der Tätigkeit bei G-BIOTEC vorbereitet wurde.

Stärken

Herr Weber hätte besser näher auf seine Stärken, zum Beispiel Kreativität oder Teamfähigkeit eingehen sollen und angeben, wo er sie gezeigt hat. Achten Sie bei Ihrer Bewerbung darauf, dass Sie Stärken nicht nur nennen, sondern immer auch Nachweise dafür erkennbar werden. Zumindest das Ergebnis seiner Kreativität und Teamfähigkeit hätte Herr Weber aufzeigen können.

DAS IST BEI DER KOMMUNIKATION IM BEWERBUNGSPROZESS ZU BEACHTEN

Die wichtigste Regel für das Bewerbungsschreiben und die gesamte Kommunikation mit einem potenziellen Arbeitgeber ist das Bewusstsein, all das – und möglichst auch nur das – mitzuteilen, was für Ansprechpartner relevant und interessant ist. Das, was für ihn am wichtigsten ist, sollte der Leser schnell finden. Drücken Sie sich außerdem so aus, wie es den Gepflogenheiten der Branche sowie der Kultur des Unternehmens beziehungsweise dem persönlichen Stil des Ansprechpartners entspricht.

Aufgabenschwerpunkte	**Unternehmensbereiche**
- Geschäftsprozessoptimierung	- General Management
- Restrukturierung/Sanierung	- Produktion
- Strategische Neuausrichtung	- Technik
- Organisationsentwicklung	- F&E
- Börsengang/Investor Relations	- Vertrieb
- M&A	- Controlling
- Post Merger Integration	- Verwaltung
- Projektmanagement	- Interne Dienstleistungen

Projektbeispiele

- Restrukturierung und Kostensenkung bei Unternehmen in den Bereichen Chemie, Kunststoff, Dienstleistung, IT und Automobilzulieferindustrie

- Erstellung von Mittelfristplanungen bei Unternehmen im Anlagenbau, Pharma und IT

- Organisatorische Neuausrichtung von Business Units in verschiedenen Pharma-/Chemiekonzernen

- Neuausrichtung der überregionalen Labororganisation eines Betonherstellers

- Neugestaltung des Ablaufs eines Investitionsprozesses in einem österreichischen Pharmakonzern

- Analyse der Sanierungswürdigkeit eines deutschen Kunststoffherstellers

- Post Merger Integration und Restrukturierung eines Fiberglasplattenherstellers

- Entwicklung strategischer Optionen für einen internationalen Spezialchemikalienherstellers

- Entwicklung einer Liquiditätsplanung für eine mittelständische Unternehmensgruppe

- Suche eines Akquisitionskandidaten für ein Unternehmen des Großanlagenbaus

- Überprüfung der Standortentscheidung und des ROI für eine Großinvestition

- Strategische Neuausrichtung eines eigentümergeführten Unternehmens nach einem Börsengang

- Entwicklung von Finanzierungsstrategien für ein mittelständisches Unternehmen

- Marktanalyse und -attraktivitätsbestimmungen für Strategieentwicklung und Due Diligence

Gesamteindruck

Das Layout des Anschreibens ist langweilig und zeugt nicht davon, dass sich der Bewerber viel Mühe gegeben hat. Eine Kopfzeile hätte das ganze Anschreiben ein wenig aufwerten können. Auch eine fett gesetzte Betreffzeile würde sich gut machen. Positiv zu bewerten ist, dass das Anschreiben auf eine Seite passt, Schriftart und Schriftgröße gut gewählt sind und nicht zu viele Absätze eingefügt wurden.

Inhaltlich macht das Anschreiben einen guten Eindruck. Der Bewerber gibt einen guten Eindruck. Der Bewerber gibt einen kurzen Überblick über seine aktuelle Situation, seine letzte Tätigkeit sowie seine Ideen und Wünsche für die nächste Stelle. Die Angabe, ob er in ganz Deutschland oder nur in seiner jetzigen Region einsetzbar ist, würde das Anschreiben noch aussagekräftiger machen.

Beim Anschreiben fällt auf, dass der Bewerber keinerlei Kontaktdaten außer seiner Adresse angegeben hat. Zur schnellen und flexiblen Erreichbarkeit sind diese aber zwingend notwendig. Geben Sie immer eine Telefonnummer an, unter der Sie möglichst durchgängig erreichbar sind. Im Zeitalter moderner Kommunikation ist es außerdem ratsam, sich eine private E-Mail-Adresse anzulegen, die Sie dann regelmäßig abrufen sollten.

Der Lebenslauf wirkt vom Layout her sehr ansprechend. Auch der gegenchronologische Aufbau entspricht einer Führungskraft mit viel Berufserfahrung. Schriftgröße und Schriftart sind gut gewählt und durch den tabellarischen Aufbau wirkt der Lebenslauf grundsätzlich übersichtlich.

Lediglich der Einsatz von fetter Schrift ist uneinheitlich. Auch inhaltlich ist, bis auf wenige Unklarheiten, dem Leser gut dargestellt, wie Herr Weber seine letzten Jahre beruflich verbracht hat. Bei Geschäftsführungspositionen wird in der Regel nicht zu detailliert auf einzelne Tätigkeiten eingegangen (Geheimhaltungspflicht). Für andere Positionen sind tiefergehende Angaben aber ratsam.

Das Profil ist auf den ersten Blick sehr ansprechend gestaltet. Die Unterteilungen sind durch die eingefügten Linien sehr gut zu erkennen. Schön ist die Untergliederung in die vier Bereiche „Aufgabenschwerpunkte", Unternehmensbereiche", „Branchen" und „Stärken" sowie die Auflistung beispielhafter Projekte. Die Schrift hätte allerdings ein wenig größer sein können.

WECKEN SIE DAS INTERESSE DES LESERS

Sprechen Sie den Personalentscheider und seine Interessen an, schreiben Sie nicht nur von sich. Die zentrale Frage ist: Was ist für den Leser wirklich relevant? Ihn interessiert vor allem, ob der Bewerber zum Unternehmen passt und zu dessen Leistungsfähigkeit beiträgt, also nützlich ist. Diese wesentliche Frage des Entscheiders müssen Sie beantworten.

Initiativbewerbung für die mittlere Managementebene

Dipl.-Ing. José Fernandez Vega bewirbt sich bundesweit im technischen Bereich

Kurzprofil des Bewerbers

- Studium: Allgemeiner Maschinenbau, Luft- und Raumfahrttechnik
- Abschluss: Diplom-Ingenieur
- Zehn Jahre internationale Berufserfahrung in leitenden Positionen sowie als Projekt- und Vertriebsingenieur
- Spanisch (Muttersprache), gute Englisch- und Russischkenntnisse
- 42 Jahre alt

Ziel

Tätigkeit in leitender Position in den Feldern mittleres Management, Vertrieb und Marketing sowie Projektierung

Strategie

Der Bewerber bewirbt sich initiativ aus dem Ausland bei einem in Deutschland agierenden Unternehmen. Er ist nach seiner freiberuflichen Tätigkeit als Unternehmensberater auf der Suche nach einer neuen eigenverantwortlichen Position. In seiner Bewerbung will er insbesondere seine Kenntnisse und Fähigkeiten als Vertriebsspezialist hervorheben.

Dipl. -Ing. José Fernandez Vega
C/ San Mario del a Porta 4, P-25800 Lissabon
Tel&Fax: +35 586235878 Handy: +35 953648252
E-Mail: Jose.Vega@enery.org

Sehr geehrte Damen und Herren,

bis Juni 2014 leitete ich die portugiesische Vertretung eines Gerätebau-Unternehmens. Innerhalb meiner Funktionen gründete ich die Geschäftsstelle in Lissabon, erschloss den portugiesischen Markt für die Firmenprodukte und unterstütze die Muttergesellschaft bei allen marktbezogenen Aktivitäten.

Von März 2010 bis März 2012 agierte ich – von deutschem Boden aus – als Sales Area Manager in der Windkraftanlagen-Verbreitung. In dieser Tätigkeit ist es mir gelungen, den iberischen und lateinameri-kanischen Markt zugänglich zu machen und weiter auszubauen. Dazu gehörte nicht nur die Akquisition potenzieller Kunden und deren Betreuung, sondern auch die Bildung eines Vertriebsnetzes und das Auffinden von Fertigungspartnern und Lieferanten. Eine der besten Erfahrungen, die ich als Projekt- und Vertriebsingenieur (2004/2010) in der Branche Apparate- und Anlagenbau machte, war die Mitarbeit bei der Optimierung der Projektbearbeitung unter dem Motto „Schnellere Erstellung von profitableren und attraktiven Angeboten."

Die Wettbewerbssituation der von mir zuletzt in Portugal verantworteten Produkten ließ diesen leider keine Marktdurchdringung zu. Deshalb der Unternehmensentschluss, das Vertragsbüro zu schließen. Zurzeit bin ich als freiberuflicher Unternehmensberater tätig und befinde mich auf der Suche nach einer neuen reizvollen und eigenverantwortlichen Position. Diese kann aus den Bereichen sein:
• Mittleres Management
• Vertrieb und Marketing
• Projektierung

Zu Portugal: Der Binnenmarkt dieser wachsenden Region stellt ein gutes Marktpotenzial dar. Es kann auch als „Sprungbrett" nach Lateinamerika dienen und die Abwicklung internationaler Geschäfte hierzu-lande kann zum Beispiel angesichts der vorhandenen Finanzierungsmöglichkeiten interessant sein. Mein Einsatzgebiet kann ich flexibel gestalten.

Ich würde mich freuen, mit Ihnen persönlich oder telefonisch über einen möglichen Einsatz in Ihrem Unternehmen zu sprechen. Falls Sie mir derzeit keine geeignete Anstellung anbieten können, bitte ich Sie, mein Vorhaben gegebenenfalls zu einem späteren Zeitpunkt zu berücksichtigen.

Mit freundlichen Grüßen aus Lissabon

José Fernandez Vega

Anhang: Lebenslauf, Berufsprofil, letztes Arbeitszeugnis

PS: Bitte um Empfangsbestätigung und gegebenenfalls Mitteilung, ob Sie auch meine restlichen Unterlagen benötigen.

Kommentar zum Anschreiben von José Fernandez Vega

①

Adressat und Datum

Bei welchem Unternehmen bewirbt sich Herr Vega eigentlich? Auch wenn ein Anschreiben schon sehr lang ist, sollten Sie immer schreiben, an wen die Bewerbung gerichtet ist. Geben Sie den Unternehmensnamen, den Namen des Empfängers und die Adresse an. Vergessen Sie auch nicht das Datum Ihrer Bewerbung.

②

Anrede

Der Bewerber bewirbt sich in einem Unternehmen, ohne vorher den Ansprechpartner herausgefunden zu haben. Das zeugt davon, dass sich Herr Vega nicht direkt mit dem Unternehmen auseinandergesetzt hat. Versuchen Sie im Vorfeld, immer Ihren Ansprechpartner herauszufinden, damit beweisen Sie Engagement.

③

Schriftgröße

Die Schriftgröße ist viel zu klein gewählt. Auch wenn das Anschreiben eine Seite möglichst nicht überschreiten sollte, sind Ausnahmen doch möglich. Wenn der Bewerber sich initiativ bewirbt oder dem Unternehmen viele wichtige Aspekte mitzuteilen hat, so kann ein Anschreiben auch einmal zwei Seiten beanspruchen.

④

Grammatik

Grammatikfehler führen meistens dazu, dass der Leser einen Satz oder Absatz mehrfach lesen muss, damit er den Inhalt versteht. Da das Anschreiben meist zunächst überflogen wird, kann das an dieser Stelle schon dazu führen, dass die Unterlagen von Herrn Vega zur Seite gelegt werden. Der erste Eindruck zählt, daher sollten Sie auch auf korrekte Grammatik achten.

⑤

Unnötige Informationen

Interessiert den Leser der Binnenmarkt in Portugal? Überlegen Sie im Vorfeld gut, welche Informationen vonseiten des Unternehmens gewünscht sind. Beziehen Sie sich in Ihrem Anschreiben auf Schlagwörter aus der Stellenanzeige und belegen Sie, dass Sie die gewünschten Kompetenzen besitzen. Weiterführende Informationen können, wenn überhaupt, im Vorstellungsgespräch erwähnt werden.

⑥

Grußformel

Am Ende eines Anschreibens sollte immer die gängige Formel „mit freundlichen Grüßen" stehen. Dass Herr Vega aus Lissabon kommt, erfährt der Leser bereits in der Kopfzeile.

⑦

Ausdruck

Schreiben Sie lieber: „Bitte um Empfangsbestätigung und gegebenenfalls Mitteilung, ob Sie weitere Unterlagen wünschen."

Lebenslauf

Persönliche Daten
José Fernandez Vega
Wohnort: Lissabon/Portugal
11.11.1972 in Bolivien geboren
EU-Residenzstatus
Verheiratet, 4 Kinder

Berufstätigkeit

Seit 07.2014	Freiberuflicher Unternehmensberater, Lissabon
04.2012-06.2013	Leiter der Firmenvertretung in Lissabon
	Windkraft GmbH, Mannheim, Bereich Transformatoren
03.2010-03.2012	Sales Area Manager, Gebiet: Lateinamerika, Spanien und Portugal
	Viga Wind Systeme GmbH, Kiel, Sektion Windkraftan lagen
01.2004-02.2010	Projekt- und Vertriebsingenieur, Region: Lateinamerika, Europa
	Hage-Elles GmbH, Bocholt, Bereich Apparate- und Anlagenbau

Weiterbildung

2004-2013	Teilnahme an mehreren Fachseminaren, unter anderem:

- Marktstrukturanalyse
- Betriebswirtschaftliches Grundwissen
- Vertragsrecht/Finanzierung/kaufmännische Auftragsabwicklung
- Teamführung und Teamentwicklung

Ausbildung und Schule
In Deutschland:

1992-2003	Allgemeiner Maschinenbau an der TH Chemnitz; Abschluss: Diplom-Ingenieur
1992	Sprachkurs und Studienkolleg an der Frankfurter Universität

In Finnland:

1990-1991	Luft- und Raumfahrttechnik an der Universität für Ingenieurwesen der zivilen Luftfahrt, Turku

In Weißrussland:

1989-1990	Studienkolleg und Sprachkurs an der Universität Gomel

In Bolivien:

1987-1989	Maschinenbau an der Universität für Ingenieurwesen, Cerro Rico
1983-1987	Sekundarschule in Cerro Rico/Bolivien

Sonstige Praxis

2001-2006	EDV- und Forschungsarbeiten, Thema: Holographie, TH-Chemnitz
1996-1997	Erprobung einer computergesteuerten 3D-Multimaschine, TH-Chemnitz

Andere Kenntnisse

Fremdsprachen	Spanisch (Muttersprache), gute Englisch- und Russischkenntnisse
EDV	Langjährige Erfahrung im Hard- und Softwarebereich, sehr gute Kenntnisse in Windows, MS-Office und Internet

Lissabon, 18.09.2014

Kommentar zum Lebenslauf von José Fernandez Vega

Adresse

Auch in den Lebenslauf gehören die Kontaktdaten des Bewerbers.

Lücke

Ob Herr Vega sich hier einfach nur vertippt hat oder ob diese Lücke zwischen 06/2013 und 07/2014 wirklich existiert, können wir nicht nachprüfen. Generell gilt: Lücken im Lebenslauf machen keinen guten Eindruck. Versuchen Sie diese zu erklären. Überlegen Sie, ob Sie in dieser Zeit etwas Sinnvolles getan haben. Jedem aufmerksamen Leser wird eine solche zeitliche Lücke sofort auffallen und sie wird Fragen aufwerfen.

Tätigkeiten

Vor allem bei Ihrer Berufstätigkeit in der Vergangenheit sollten Sie immer näher definieren, welche Tätigkeiten Sie im Einzelnen ausgeübt haben. Stimmen Sie sie auf das momentane Stellenprofil ab und nehmen Sie insbesondere positionsrelevante Tätigkeiten sowie Aufgaben mit auf.

Monatsangaben

Sie sollten, wenn möglich, neben den Jahresangaben immer auch die Monate mit angeben. So erhält der Leser genauere Informationen, von wann bis wann Sie wo waren, denn von 2011-2012 kann zwei, aber auch 24 Monate bedeuten.

Deutschkenntnisse

Da Herr Vega kein Deutscher ist und sich in einem deutschen Unternehmen bewirbt, sollte er angeben, wie gut er die deutsche Sprache beherrscht, und sich nicht nur auf die anderen Sprachen beziehen.

Gesamteindruck

Das Anschreiben wirkt durch die kleine Schriftgröße auf den ersten Blick schwer lesbar. Die Kopfzeile hingegen ist gut gelungen. Alle relevanten Informationen sind enthalten. Die weiteren, eher inhaltlichen Informationen sind für diese Initiativbewerbung zu detailliert und konkret gewählt. Der Einschub über Portugal als interessantem Wirtschaftsstandort ist zweifellos überflüssig.

In den vorangehenden Passagen stellt sich Herr Vega zu sehr als Spezialist dar. Bei Initiativbewerbungen sollten Sie tendenziell eher als Generalist auftreten, sodass Sie für verschiedene Positionen infrage kommen. Achten Sie hier aber auf den schmalen Grat. Wer sich zu sehr als Generalist darstellt, wirkt schnell profillos - und landet auf dem Stapel mit Absagen.

Der Lebenslauf ist vom Layout her gelungen, lediglich die Schrift hätte ein bisschen größer sein können. Es wäre noch besser gewesen, wenn Herr Vega die schöne Kopfzeile aus dem Anschreiben übernommen hätte. Dann würde die gesamte Bewerbung noch stimmiger wirken. Nach dem ausführlichen Anschreiben hätte der Leser vielleicht mehr erwartet. Die detaillierten Tätigkeits- und Aufgabenschwerpunkte während seiner Berufstätigkeit gehören in den Lebenslauf, auch bei Führungskräften. Bei dieser Zielgruppe ist es in der Regel außerdem angebracht, die Anzahl der Mitarbeiter und weitere wichtige Kennzahlen zu nennen (Umsatz/Budgetverantwortung/Geschäftsentwicklung).

Ihr abschließender Bewerbungs-Check

Ihre Bewerbung ist Ihre persönliche Visitenkarte, wenn Sie von Beginn an überzeugen wollen ist eine gute Vorbereitung unverzichtbar. Machen Sie sich Gedanken über Ihre Qualifikationen und Kenntnisse. Welche Erwartungen haben Sie an Ihren neuen Arbeitgeber und den damit verbundenen Arbeitsplatz? Passt die ausgeschriebene Stelle überhaupt zu Ihnen? Und wie sieht eine vollständige Bewerbungsmappe aus? Wie bereiten Sie sich angemessen auf ein Vorstellungsgespräch vor und wie verhalten Sie sich während des Gesprächs? An dieser Stelle erhalten Sie abschließend einen Überblick über alles Wissenswerte für Ihre erfolgreiche Bewerbung. Besonders die beigefügten Checklisten erleichtern es Ihnen, bei der Erstellung Ihrer Bewerbung keine relevanten Details zu übergehen und am Ende ein positives Ergebnis zu erreichen. Der Weg hin zu einer perfekten Bewerbung ist zwar lang und mit engagiertem Arbeitseinsatz verbunden, aber er lohnt sich!

Über welche Qualifikationen und Fachkenntnisse verfügen Sie?

An jeden Bewerber werden bestimmte Anforderungen bezüglich seiner Qualifikationen und Kernkompetenzen gestellt. In Stellenausschreibungen finden Sie zum Beispiel Anforderungen wie Teamgeist, Initiative, Kundenorientierung und vieles mehr. Wichtig ist, dass Sie als Bewerber Ihr eigenes Qualifikationsprofil kennen und gut verkaufen können.

Bei den Qualifikationen, die Unternehmen in ihren Stellengesuchen fordern, handelt es sich um die Kompetenzen, die notwendig sind, um ihre Aufgaben an einem bestimmten Arbeitsplatz zu erfüllen. Dabei geht es sowohl um fachliche als auch um zwischenmenschliche oder kommunikative Kompetenzen. Unternehmen erstellen für zu besetzende Stellen Anforderungsprofile. Je näher Sie diesem kommen, desto bessere Aussichten haben Sie, dass Ihnen die vakante Stelle angeboten wird.

Überlegen Sie, welche fachlichen und sozialen Kompetenzen Sie haben. Lassen Sie ruhig auch Ihre Freunde, Bekannten oder Ihre Arbeitskollegen für Sie denken. Fragen Sie, wo andere Ihre Stärken und Ihre Schwächen sehen. Das versetzt Sie in die Lage, prüfen zu können, inwieweit Ihr Selbst- mit dem Fremdbild übereinstimmt. Erstellen Sie dann Ihr Kompetenzprofil, indem Sie alle Ihre Stärken - fachliche und zwischenmenschliche - auflisten.

Arbeitsblatt: Meine Kompetenzen und Stärken

Meine Stärken sind	Eingesetzt, bewiesen bei
Teamorientierung	
Zielorientierung	
Analytisches Denken und Handeln	
Hohe Leistungsbereitschaft	
Durchhaltevermögen	
Geduld	
Konfliktfähigkeit	
Verhandlungsfähigkeit	
...	

Tragen Sie in das folgende Formular ein, welche Kompetenzen und Fachkenntnisse Sie haben. Bewerten Sie diese dann je nach Ausprägung mit einem Wert zwischen 1 (sehr hoch) und 6 (gering).

Arbeitsblatt: Ihr Kompetenzprofil

Verhalten/ Eigenschaft	Ausprägung						Begründung/Situation/ Maßnahmen zur Kompetenzerweiterung
	Sehr hoch				**gering**		
	1	2	3	4	5	6	
Fachkenntnisse							
	O	O	O	O	O	O	
	O	O	O	O	O	O	
	O	O	O	O	O	O	
	O	O	O	O	O	O	
	O	O	O	O	O	O	
	O	O	O	O	O	O	
	O	O	O	O	O	O	
	O	O	O	O	O	O	
	O	O	O	O	O	O	
	O	O	O	O	O	O	
Persönliche Kompetenzen							
	O	O	O	O	O	O	
	O	O	O	O	O	O	
	O	O	O	O	O	O	
	O	O	O	O	O	O	
	O	O	O	O	O	O	
	O	O	O	O	O	O	
	O	O	O	O	O	O	
	O	O	O	O	O	O	
	O	O	O	O	O	O	
	O	O	O	O	O	O	

Was erwarten Sie vom Unternehmen?

Für eine erfolgreiche Bewerbung ist es nicht nur wichtig, die eigenen Kompetenzen gut zu kennen. Sie sollten auch wissen, was Ihre Ziele sind und welche Erwartungen sich daraus an das Unternehmen ergeben.

Arbeitsblatt: Meine Erwartungen an das Unternehmen

Was ist wichtig?	wichtig	nicht wichtig
Großunternehmen (mehr als 1.000 Mitarbeiter)		
Mittelständisches Unternehmen (100-1.000 Mitarbeiter)		
Kleinunternehmen (weniger als 100 Mitarbeiter)		
Junges Unternehmen		
Etabliertes Unternehmen		
Klar definierte Unternehmensziele		
Engagement im Umweltschutz		
Image des Unternehmens		
Moderne Arbeitsformen (Team-, Gruppen-, Projektarbeit)		
Betriebsklima		
Geschlecht des/der Vorgesetzten		
Weitere wichtige Merkmale	**Notizen**	
Was ist mir hinsichtlich Unternehmensphilosophie, Unternehmenskultur und Führungskultur besonders wichtig?		
Gibt es Einschränkungen bei der Unternehmenswahl hinsichtlich Branche, Produkten und Dienstleistungen?		

Welche Wünsche habe ich an meine neue Position, an die zu übernehmenden Aufgaben, an die mir übertragene Verantwortung, Entscheidungsfreiheit etc.?	
Welche Tätigkeiten/Aufgaben sollte meine Position auf jeden Fall umfassen?	
Welche Tätigkeiten/Aufgaben sollte meine Position auf keinen Fall umfassen?	
In welchen Bereichen möchte ich Entscheidungs-Kompetenzen haben und Verantwortung übernehmen?	
Gibt es Rahmenbedingungen, die erfüllt sein sollten oder müssen?	
Welche Erwartungen habe ich hinsichtlich meiner zukünftigen Kollegen und Vorgesetzten (Ausbildung, Alter usw.)?	
Wie wünsche ich mir die Einarbeitung?	
Welche Erwartung habe ich an die innerbetrieblichen Fort- und Weiterbildungsmöglichkeiten?	
Wie sehen meine Gehaltsvorstellungen aus?	
Habe ich bestimmte Anforderungen an die Vertragsgestaltung?	
Welche Erwartungen habe ich hinsichtlich anderer Sozialleistungen des Unternehmens?	
Wie sollte sich meine Arbeitszeit gestalten?	
Wann kann ich frühestens mit der Arbeit an der neuen Position beginnen?	
Was ist mir für meine berufliche Entwicklung in der neuen Position besonders wichtig?	
...	

Passt die ausgeschriebene Stelle zu Ihnen?

Wenn Sie eine bestimmte Position in die engere Wahl nehmen, prüfen Sie anhand der folgenden Schritte, ob das Anforderungsprofil der Stelle zu Ihrem Kompetenzprofil passt. Dazu müssen Sie natürlich das Anforderungsprofil für die vakante Stelle kennen. Nutzen Sie bei der Einarbeitung die folgende Checkliste.

Arbeitsblatt: Was weiß ich über das geforderte Kompetenzprofil?

Fragen	Notizen
Welche Anforderungen und Erwartungen kann ich aus der Stellenausschreibung herauslesen?	
Welche Anforderungen und Erwartungen warden aus den Stellenausschreibungen für andere Positionen deutlich?	
Welche Anforderungen kann ich aus anderen Informationsmaterialien oder Gespräch ableiten?	
Welche Anforderungen sind mir aus Gesprächen mit Firmenmitarbeitern bekannt?	
Welche Anforderungen kenne ich von vergleichbaren Positionen in anderen Unternehmen?	
Welche Angaben habe ich bei verschiedenen Quellen gefunden?	

Arbeitsblatt: Meine Kompetenzen und das Anforderungsprofil

Fragen	Notizen
Wo bestehen Übereinstimmungen?	
Wo bestehen leichte Differenzen?	
Wo bestehen größere Differenzen?	
Wo liegen meine besonderen fachlichen Qualifikationen? (Qualifikationen, die über das Anforderungsprofil hinausgehen oder zusätzliche)	
Wo liegen meine besonderen persönlichen Kompetenzen? (Kompetenzen, die über das Anforderungsprofil hinausgehen oder zusätzliche)	
Welche Vorteils- und Nutzenargumentation kann ich aus dem Profilvergleich ableiten? (Ergänzen Sie Ihre Kompetenzblätter um neue Argumente)	
Wie kann ich hinsichtlich einer deutlich negativen Diskrepanz zwischen beiden Profilen argumentieren?	
Was kann ich tun, um deutliche Diskrepanzen zu verringern?	

Behalten Sie den Überblick über Ihre Bewerbungsaktionen

Legen Sie sich einen Ordner an, in den Sie die Korrespondenz mit den einzelnen Unternehmen ablegen. Das können Sie real oder auf dem Rechner machen. So können Sie jederzeit überprüfen, welche Unterlagen Sie an welches Unternehmen geschickt haben und wie sich der Bewerbungsverlauf gestaltet. Machen Sie sich darüber hinaus Notizen zu Telefonkontakten und Gesprächen und legen Sie auch die Antwortschreiben der Unternehmen ab. Das nachfolgende Formular hilft, den Überblick zu bewahren. Ergänzen Sie es in Ihrer Textverarbeitung, sodass es für Ihre Zwecke geeignet ist, und füllen Sie eines für jedes Unternehmen aus.

Arbeitsblatt: Ihre Bewerbungsaktivitäten

Angaben zum Unternehmen	Notizen
Name des Unternehmens	
Anschrift des Unternehmens	
Ansprechpartner im Unternehmen	Herr/Frau:
Position, auf die ich mich beworben habe	
Zeitung, Internetadresse, aus der ich die Stellenanzeige habe	
Internetadresse des Unternehmens	www.
Unterlagen versendet am …	Datum:
Telefongespräch geführt mit …	Herrn/Frau:
Telefongespräch geführt am …	Datum:
Notizen	
Zwischenbescheid erhalten am …	Datum:
Nachgefragt bei…	Herrn/Frau:
Vorstellungstermin am …	Datum:
Vorstellungsgespräch mit …	Herrn/Frau:
Notizen	
Absage/Zusage erhalten am …	Datum:

Was gehört in die Bewerbungsmappe?

In eine vollständige Bewerbungsmappe gehören das Anschreiben, der Lebenslauf, ein Bewerbungsfoto sowie Kopien (!) von Arbeitszeugnissen und Berufsabschlüssen. Sie haben die Qual der Wahl, welche weiteren Unterlagen Sie mitsenden möchten: Bescheinigungen und Zertifikate über Fort- und Weiterbildungen, Qualifikationsprofile, Referenzen oder Angaben über weitere Projekterfahrungen. Mit Ihrer Entscheidung müssen Sie den Blick fürs Wesentliche zeigen: Welche Informationen sind für Ihren potenziellen Arbeitgeber wichtig und von Interesse?

Wenn Sie Arbeitszeugnisse beilegen, achten Sie darauf, alle mitzuschicken. Fehlt ein Arbeitszeugnis, treten Fragen beim Personalverantwortlichen auf. Ehemalige Arbeitgeber sind verpflichtet, ein Zeugnis oder eine Arbeitsbescheinigung zu erstellen. Ein Zwischenzeugnis für Ihre aktuelle Position können Sie Ihren Unterlagen ebenfalls hinzufügen.

Möglich ist es auch, eine Leistungsbilanz anzufertigen. Achten Sie dabei darauf, dass sie als Erweiterung Ihres Lebenslaufs gesehen wird. Führen Sie darin also keine Detailinformationen auf, die Sie in Ihrem Lebenslauf schon einmal erwähnt haben. Legen Sie die Unterlagen in folgender Reihenfolge in Ihre Bewerbungsmappe:

- Anschreiben (nur lose in die Mappe gelegt)
- Lebenslauf (mit Foto)
- Zwischenzeugnis der aktuellen Position (falls vorhanden)
- Arbeitszeugnisse der vorherigen Arbeitgeber (gegenchronologisch sortiert)
- Dokumente zu Schul-, Studien- oder Ausbildungsabschlüssen
- Weiterbildungszertifikate (falls vorhanden)

Wenn Sie ein Deckblatt und eine Leistungsbilanz einfügen möchten, beachten Sie die diese Reihenfolge:

- Anschreiben (lose beigelegt)
- Deckblatt mit allen wesentlichen Informationen und Ihrem Foto
- Lebenslauf ohne Foto
- Leistungsbilanz oder Referenzen
- Arbeitszeugnisse (gegenchronologisch sortiert)
- Dokumente zu Schul-, Studien- oder Ausbildungsabschlüssen
- Weiterbildungszertifikate (falls vorhanden)

Wenn Sie schon lange im Berufsleben sind, kann ein Wechsel der Reihenfolge angemessen sein. Ihren Werdegang können Sie zum Beispiel gegenchronologisch darstellen. Sie haben viele Möglichkeiten, Ihre Bewerbungsmappe individuell zu erstellen. Ob Sie ein Anlagenverzeichnis einfügen oder eine „dritte Seite" ergänzen möchten - achten Sie immer auf die (Gegen-) Chronologie Ihrer Unterlagen und den Blick auf das Wesentliche.

Das Deckblatt

Überprüfen Sie, ob Ihr Deckblatt optimal gestaltet ist und alle wichtigen Informationen enthält.

Habe ich bei der Gestaltung meines Deckblattes alles Wichtige beachtet?

Das Layout ist ansprechend gestaltet.	o
Alle relevanten Daten sind eingearbetiet (Unternehmen, Zielposition, Ansprechpartner, vollständiger Absender, Foto).	o
Eine Headline ist enthalten.	o
Die Textausrichtung ist stimmig.	o

Das Bewerbungsfoto

Unterschätzen Sie nicht die Macht des Bewerbungsfotos. Nonverbale Signale werden schneller und intensiver aufgenommen, als Sie vielleicht denken. Der erste Eindruck entsteht durch optische Merkmale Ihrer Unterlagen und Ihres Fotos. Mit Inhalt und Kompetenzen hat das nichts zu tun. Daher müssen Sie sich auf Ihrem Foto positiv präsentieren und Ihre Persönlichkeit hervorheben, um Ihre Chancen zu erhöhen. Beachten Sie daher die folgenden Tipps:

* Suchen Sie sich einen Profi, der ein Porträt von Ihnen anfertigt.
* Wählen Sie ein Format von 4 x 6cm.
* Entscheiden Sie, ob Sie ein Schwarzweiß- oder ein Farbfoto möchten. Oft heißt es, dass ein Schwarzweißfoto einen seriöseren Eindruck hinterlässt. Doch es kommt darauf an, was für ein Typ Sie sind und mit welcher Variante Sie besser zur Geltung kommen.
* Achten Sie auf einen passenden Hintergrund (ein guter Fotograf kann den Hintergrund auf Ihren Hauttyp und Ihre Haarfarbe abstimmen).
* Überdenken Sie Ihr Outfit: Die Kleidung sollte der angestrebten Position angemessen sein. Seriosität ist hier oberstes Gebot, dennoch müssen Sie sich wohlfühlen, um authentisch und sympathisch zu wirken. Für Herren gilt: weißes Hemd und Krawatte, für Frauen: Blazer und weiße Bluse. Damit machen Sie nichts falsch!
* Blicken Sie in die Richtung des Betrachters und lächeln Sie!
* Bewerben Sie sich grundsätzlich mit einem aktuellen Foto.

LASSEN SIE FOTOS VON FREUNDEN BEWERTEN

Lassen Sie mehrere Schwarzweiß- und Farbfotos von sich anfertigen und finden Sie heraus, wie diese auf andere Personen wirken. Fragen Sie zum Beispiel Ihre Freunde, wie Sie die Bilder bewerten würden.

Das Anschreiben: Werben in eigener Sache

Ihr Anschreiben ist ein Dokument, das einem potenziellen neuen Arbeitgeber vermitteln soll, dass Sie die Person sind, die ganz genau zur ausgeschriebenen Stelle und/oder zum Unternehmen passt. Das heißt: Im Mittelpunkt stehen die Interessen des einstellenden Unternehmens.

Der Personalverantwortliche sieht zuerst das Anschreiben und entscheidet schon zu diesem Zeitpunkt, ob er sich mit Ihren Bewerbungsunterlagen auseinandersetzen möchte. Bedenken Sie, dass dafür auch der optische erste Eindruck von Bedeutung ist. Machen Sie dem Leser daher die Informationsaufnahme und das Lesen leicht. Wecken Sie seine Neugier, sodass er sich weiter mit Ihren Unterlagen beschäftigen möchte. Für Ihr Anschreiben gelten zwei wesentliche Kriterien. Es muss sehr prägnant und aussagekräftig, aber auch leserorientiert und positionsbezogen sein.

Habe ich alle formalen Vorgaben berücksichtigt?

Die Kopfzeile enthält sämtliche Kontaktdaten (Name, Adresse, Ort, Telefonnummer, E-Mail-Adresse, Handynummer) und ist ansprechend gestaltet.	o
Es ist ein konkreter Betreff formuliert und das Anschreiben ist an eine Kontaktperson (nicht anonym) adressiert.	o
Der Text umfasst etwa 25 bis 30 Zeilen.	o
Der Text ist gut aufgeteilt (maximal fünf Absätze).	o
Das Anschreiben zeigt ein klares, übersichtliches Schriftbild, es wurde nur ein Schrifttyp verwendet.	o
Das Anschreiben ist übersichtlich und regt zum Lesen an (das Auge liebt die freie Fläche).	o
Ich habe kurze, präzise Sätze verwendet.	o
Meine Kompetenzen und Erfahrungen habe ich positionsbezogen erläutert und bewiesen.	o
Es liegt ein hoher, angemessener Informationswert vor (Blick fürs Wesentliche).	o
Ich habe überflüssige Konjunktive vermieden.	o
Rechtschreibung und Interpunktion sind genau überprüft und überarbeitet.	o
Das Anschreiben ist mit Vor- und Nachnamen unterschrieben.	o

Sind alle wichtigen Inhalte in meinem Anschreiben enthalten?

Meine Adressdaten in der Kopfzeile sind vollständig.	o
Das Anschreiben ist (richtig) datiert.	o
Das Anschreiben ist an die richtige Adresse und an eine Kontaktperson adressiert.	o
In der Betreffzeile werden die ausgeschriebene Position und die Bezugsquelle genannt.	o
In der Anrede spreche ich die Kontaktperson an.	o
Nehme ich im ersten Satz Bezug auf ein zuvor geführtes Telefongespräch?	o
Verweise ich auf meine Bezugsquelle und auf die zu besetzende Position?	o
Nenne ich einen Grund für die Bewerbung bei gerade diesem Unternehmen?	o
Enthält der Hauptteil des Textes Kernaussagen, mit denen ich verdeutliche, warum ich die/der Richtige für die Stelle bin?	o
Nenne ich bisherige Tätigkeiten (grob)?	o
Weise ich auf besondere Fähigkeiten oder Kompetenzen hin?	o
Mache ich Angaben zu sozialen Kompetenzen?	o
Ist der frühmöglichste Eintrittstermin erwähnt?	o
Habe ich meine Gehaltsvorstellung angegeben?	o
Ist mein Schlusssatz freundlich, selbstbewusst, aber nicht überheblich formuliert?	o
Sind alle Aussagen prägnant und auf das Wichtigste konzentriert?	o
Steht der Leseaufwand für den Leser in einem guten Verhältnis zum Informationswert des Textes?	o
Habe ich das Anschreiben mit Vor- und Nachnamen unterschrieben?	o
Habe ich einen Anlagenvermerk angebracht?	o

Überprüfen Sie dann noch, ob Sie alle wichtigen Informationen und Qualifikationen in Ihre Bewerbung aufgenommen haben.

Habe ich die wichtigsten Fähigkeiten genannt?

Ich habe meine Kompetenzen und Fähigkeiten aufgeführt.	o
Ich habe meine Kompetenzen und Fähigkeiten auch belegt.	o
Ich habe meine Führungsqualitäten schlüssig niedergelegt.	o
Ich habe die Hauptaufgaben in Projekten erläutert.	o
Ich habe mein Arbeits- und Sozialverhalten dargelegt.	o
Meine Motivation wird deutlich.	o
Ich habe Ergebnisse und Erfolge dargestellt.	o
Meine Aussagen sind nachvollziehbar und logisch aufgebaut.	o

Der Lebenslauf

Mit Ihrem Lebenslauf wollen Sie den Leser von Ihren fachlichen Qualitäten und Erfahrungen überzeugen. Ein guter Lebenslauf ist so gestaltet, dass der Leser alle entscheidenden Informationen sofort aufnehmen kann. Hauptsächlich kommt es auf Übersichtlichkeit und eine klare Struktur des Lebenslaufs an. Ihr Ziel ist es, dem Leser die Stationen Ihres beruflichen Werdegangs mit den dazugehörigen Erfahrungen und Tätigkeitsfeldern zu vermitteln. Bilden Sie hierzu Blöcke mit Überschriften, sodass der Leser direkt erkennen kann, worum es gerade geht. So kann er selbst entscheiden, welche Textblöcke er sich ansehen möchte und welche nicht.

Die Länge Ihres Lebenslaufs spielt ebenfalls eine wesentliche Rolle, auch wenn es keine allgemein gültige Regel hierzu gibt. Setzen Sie aber Schwerpunkte. Überfrachten Sie Ihren Lebenslauf nicht mit unnötigen Informationen. Nutzen Sie zur Vertiefung lieber die Möglichkeit der „dritten Seite".

Erfüllt mein Lebenslauf die wesentlichen Anforderungen?

Das Layout ist ansprechend, einheitlich, übersichtlich und leserfreundlich.	o
Alle persönlichen Daten und Kontaktdaten sind aufgeführt.	o
Ich habe einen leicht lesbaren Schrifttyp verwendet.	o
Ich habe nur einen Schrifttyp verwendet.	o
Der Aufbau ist übersichtlich (etwa durch Blockbildung und Hervorhebung der einzelnen Blöcke).	o
Der Aufbau ist chronologisch/gegenchronologisch.	o
Ich habe einen einzeiligen Zeilenabstand gewählt	o
Die Seiten sind nicht überfüllt.	o
Eine Seite enthält nicht mehr als 30 Zeilen.	o
Der Text ist gleichmäßig verteilt.	o
Die Zeiträume sind in Monaten und Jahren angegeben.	o
Die Monatsangaben sind einheitlich.	o
Der Lebenslauf ist vollständig (ohne zeitliche Lücken).	o
Es gibt einen roten Faden.	o
Ich habe nur gängige Fachbegriffe und Fremdwörter verwendet.	o
Relevante und positionsbezogene Fakten habe ich im Lebenslauf näher erläutert.	o
Ich habe nicht nur den Titel der Stelle, sondern auch das Unternehmen benannt.	o
Wiederholungen habe ich vermieden.	o
Ich habe keine unnötigen Informationen (zum Beispiel die besuchte Grundschule) eingearbeitet.	o
Ich habe meine Sprachen- und EDV-Kenntnisse bewertet.	o
Ich habe die Datenangaben überprüft, um Zahlendreher oder fragwürdige Angaben zu vermeiden.	o
Ich habe die Zeilenumbrüche überprüft.	o
Ich habe Rechtschreibung und Interpunktion überprüft.	o
Ich habe die Formatierung gecheckt.	o

Die „dritte Seite"

Sie haben während Ihrer beruflichen Laufbahn viele Erfahrungen gesammelt und unterschiedlichste Kompetenzen erworben? Dann verfassen Sie eine „dritte Seite" als Ergänzung. So gewinnen Sie den raum, um weitere Ihnen wichtige Informationen zu Ihrer Person, Ihren Leistungen, Ihrer Berufstätigkeit und Ihren besonderen Erfahrungen darzulegen.

Wenn Sie eine „dritte Seite" anlegen, nutzen Sie den Vorteil, dass Ihr Lebenslauf und Ihr Anschreiben präzise strukturiert, leicht lesbar und übersichtlich bleiben, Sie dem Leser aber dennoch weitere Informationen vermitteln können.

Wählen Sie unbedingt eine sprechende Überschrift, die dem Leser sofort sagt, welche Informationen er hier erhält. Führen Sie dann Informationen zu Ihrer Person, zu Ihren Aufgaben- und Tätigkeitsfeldern, zu Ihren Projekterfahrungen, Ihren Referenzen oder Ihren Veröffentlichungen an. Beleuchten Sie, was Sie auszeichnet! Legen Sie Ihre Stärken schlüssig und beweiskräftig nieder, sodass sich der Leser ein noch besseres Bild von Ihnen machen kann - und Sie gerne kennenlernen möchte. Zur Verwendung der „dritten Seite" als reine Selbstdarstellung (Kompetenzen, Motivation…) gibt es die unterschiedlichsten Meinungen. Ein erfolgsversprechender Weg besteht darin, eine Position zu beschreiben und diese Ausführungen mit Ihren Kompetenzen und den von Ihnen erreichten Ergebnissen zu verbinden.

Habe ich bei der Anfertigung der „dritten Seite" alles beachtet?

Ich habe ein ansprechendes Layout verwendet.	o
Die Gliederung ist übersichtlich gestaltet.	o
Ich habe eine interessante Überschrift gewählt.	o
Der Text ist nicht zu lang (optimal sind sieben bis maximal 15 Zeilen).	o
Die Schriftgröße ist gut lesbar.	o
Der Schrifttyp ist gut lesbar und optimalerweise auf Anschreiben und Lebenslauf abgestimmt.	o
Ich habe nur einen Schrifttyp verwendet.	o
Alle stellenrelevanten Kompetenzen und Fähigkeiten sind aufgeführt.	o
Die Führungskompetenzen habe ich hervorgehoben.	o
Ich habe Belege für meine Kompetenzen und Fähigkeiten angeführt („Beweisführung").	o

Die Hauptaufgaben in Projekten sind erläutert.	o
Verantwortung, Erfolge sowie Tätigkeits- und Aufgabenbeschreibungen stehen im Vordergrund.	o
Die Ergebnisse der Projekte etc. sind dargestellt.	o
Ich habe meine Tätigkeiten nicht nur aufgelistet, sondern auch erläutert.	o
Verantwortung, Erfolge sowie Tätigkeits- und Aufgabenbeschreibungen stehen im Vordergrund.	o
Die Ergebnisse der Projekte etc. sind dargestellt.	o
Ich habe meine Tätigkeiten nicht nur aufgelistet, sondern auch erläutert.	o
Das Arbeits- und Sozialverhalten ist dargelegt.	o
Stärken habe ich hervorgehoben und nachgewiesen.	o
Meine Veröffentlichungen und Auszeichnungen sind aufgeführt.	o
Meine (Wechsel-) Motivation habe ich ersichtlich gemacht.	o
Ich habe irrelevante Informationen entfernt.	o
Das Dokument ist mit einem Datum versehen.	o

Zeugnisse für die Bewerbungsmappe

Habe ich das Wesentliche zum Thema Zeugnis berücksichtigt?

Liegen Ihnen Ihre Originalzeugnisse vor?	o
Haben Sie ausreichend Kopien Ihrer Zeugnisse gemacht? In Bewerbungsverfahren sollten Sie niemals Originale verschicken. Sollten diese abhanden kommen, sind sie nur mit großen Zeit- und Geldaufwand zu ersetzen.	o
Sind die Kopien von einwandfreier Qualität und gut lesbar, das heißt, weisen sie weder Streifen noch Flecken auf und sind auch nicht verknickt?	o
Haben Sie auch beglaubigte Kopien Ihrer Zeugnisse vorliegen, falls diese verlangt werden sollten?	o

Falls Sie internationale Zeugnisse haben, liegen Ihnen diese auch in einer (beglaubigten) Übersetzung vor?	o
Haben Sie ein polizeiliches Führungszeugnis beantragt, damit Sie es Ihren Unterlagen beifügen können, wenn verlangt? (Rechnen Sie bei Beantragung mit einer Wartezeit von ca. 14 Tagen.)	o
Vorausgesetzt, Sie wollen viele Zeugnisse verschicken: Haben Sie eine Anlagenübersicht erstellt?	o
Haben Sie Trennblätter angefertigt, mit denen Sie Ihre vielen Zeugnisse nach bestimmten Schwerpunkten sortieren können?	o
Alle wesentlichen, im Lebenslauf benannten Ausbildungen und Berufstätigkeiten sind durch Zeugnisse belegt.	o
Fehlende, wichtige Nachweise sind begründet.	o
Die Datums- und Zeitangaben im Lebenslauf und in den Zeugnissen stimmen überein.	o

ACHTEN SIE AUF DIE RICHTIGE REIHENFOLGE

Bevor Sie Ihre Unterlagen in einen Umschlag stecken und versenden, sollten Sie noch einmal die Vollständigkeit und die richtige Reihenfolge der Unterlagen prüfen.

Habe ich die richtige Reihenfolge eingehalten?

1. Anschreiben	o
2. Deckblatt (mit Foto)	o
3. Eventuell separates Blatt mit dem Bewerbungsfoto	o
4. Inhaltsverzeichnis (Ein Inhaltsverzeichnis ist kein notwendiger Bestandteil einer Bewerbung)	o
5. Lebenslauf	o
6. „Dritte Seite" (Tätigkeits- bzw. Positionsbeschreibung, Publikationen und Veröffentlichungen, Referenzen, zur eigenen Person)	o
7. Zeugnisse	o

Der Vorstellungstermin

Die erste Hürde ist genommen und Sie werden zu einem Vorstellungsgespräch eingeladen. Damit Sie sich gut auf diesen Termin vorbereiten können, haben wir für Sie das Wichtigste zusammengestellt.

Kleiner Knigge fürs Vorstellungsgespräch

- Sorgen Sie für Entspannung und genügend Schlaf.
- Kleider machen Leute, überdenken Sie also im Voraus, in welchem Umfeld Sie sich bewerben. Für einen Sozialarbeiter ist der Boss-Anzug die unpassende Kleidung, für einen Manager durchaus angemessen. Grundsätzlich sollte die Kleidung sauber, gebügelt, gepflegt und neuwertig sein.
- Vermeiden Sie Körpergerüche, nicht selten erzeugt durch den üppigen Gebrauch von Deos, Rasierwasser, Zigaretten etc.
- Seien Sie pünktlich.
- Begrüßen Sie auch den Pförtner und die Sekretärin freundlich.
- Stellen Sie sich einer Sekretärin mit Händedruck, vollem Namen und Ihrem Anliegen vor.
- Begrüßen Sie alle Gesprächspartner mit Händedruck in folgender Reihenfolge: erst die Damen (die Ranghöchste zuerst), dann die Herren (der Ranghöchste zuerst).
- Achten Sie darauf, dass Ihre Hände nicht nass vor Schweiß sind.

Wie verhalte ich mich während des Gesprächs?

- Seien Sie authentisch. Lügen und Übertreibungen werden in der Regel früher oder später erkannt.
- Bevor Sie sich vor anderen präsentieren, sollten Sie sich selbst genau kennen. Und zwar nicht nur die verschiedenen Abschnitte Ihres Lebenslaufs, sondern auch Ihre Soft Skills. Vor allem müssen Sie über Ihre Stärken und Schwächen Bescheid wissen.
- Wer fragt, leitet das Gespräch! Zum einen zeugen Fragen von Interesse, zum anderen werden Ihnen so weniger Fragen gestellt und Sie haben Einfluss darauf, welche Richtung das Gespräch nimmt.
- Versuchen Sie, Ruhe zu bewahren, auch wenn der Personaler Sie in die Enge treiben will. Setzen Sie sich schon vorab Grenzen. Sie müssen nicht auf alle Fragen konkret antworten.
- Vor der Beantwortung der gefürchteten Gehaltsfrage gilt es, die eigenen Prämissen sowie die des Unternehmens abzuschätzen. Nennen Sie nicht zu früh konkrete Zahlen, Unternehmen haben nichts dagegen, Mitarbeiter günstig einzukaufen.
- Nichts ist peinlicher, als wenn Sie grundsätzliche Fragen bezüglich des Unternehmens nicht beantworten können. Vor dem Vorstellungsgespräch ist eine

gründliche Recherche ein Muss. Den Internetauftritt und den Geschäftsbericht des Unternehmens sollten Sie kennen.

- Sehen Sie das Vorstellungsgespräch auch als Übung. Sie können nur gewinnen, selbst wenn Sie die Stelle nicht bekommen. Das ist eine Möglichkeit, Ihre Nervosität zu reduzieren.
- Auch wenn Sie Ihnen bewusst angeboten werden: Nehmen Sie keine alkoholischen Getränke an.
- Weiterhin gelten die allgemeinen Regeln des guten Benehmens: zuhören, ausreden lassen, ausreichend Augenkontakt halten etc.
- Während des Vorstellungsgesprächs sollten Sie den Emotionsverlauf kontrollieren. Etwas Aufregung am Anfang ist gestattet, jedoch sollte sich diese im Verlauf des Gesprächs legen. Verhält es sich umgekehrt, wirken Sie unsicher und inkompetent.
- Damit das Vorstellungsgespräch abgerundet wirkt, sollte nach einem positiven Einstieg auch ein positiver Ausstieg erfolgen (Sandwich-Effekt).

Die richtige Bekleidung im Vorstellungsgespräch

Für Männer

- Sauberes, gebügeltes Oberhemd, keine auffälligen Muster oder Farben
- Eine passende Krawatte
- Anzug oder Jackett
- Eine passende, frisch gebügelte Hose
- Eine dezente Aktentasche
- Gut geputzte Schuhe, keine gerissenen Schnürsenkel
- Keinen oder nur dezenten Schmuck

Für Frauen

- Dezente Bluse, nicht zu tief ausgeschnitten
- Kleid, Rock oder Kostüm
- Hosenanzug in schlichten Farben
- Passende, eher flache Schuhe
- Eine dezente Aktentasche oder großformatige Handtasche
- Keinen oder nur dezenten Schmuck sowie dezentes Make-up

Der Umgang mit Stärken und schwächen im Vorstellungsgespräch

Häufig ist es in Bewerbungsgesprächen so, dass die Bewerber zwar einige Stärken benennen, diese aber Allgemeingültigkeit besitzen, zum Beispiel: „Ich bin ehrgeizig, durchsetzungsorientiert, zielstrebig etc." Wenn Sie über Ihre Stärken reden, füllen Sie die Wörter, die Sie benutzen, mit Inhalten. Beschreiben Sie, durch welche Aufgaben und Erfahrungen Sie eine Kompetenz erworben haben, welche Erfolge Sie durch eine bestimmte Eigenschaft erreichen konnten usw.

Wenn Bewerber ihre eigenen Schwächen benennen sollen, bekommt der Interviewer häufig zu hören, dass der Bewerber „... ungeduldig werde, insbesondere dann, wenn ich mit Personen zusammenarbeite, die langsamer oder ungenauer arbeiten als ich". Da Sie diese Standardaussage in vielen „Bewerbungstrainings" finden, sollten Sie sich diese besser sparen.

ÜBEN SIE IM VORFELD

Sind Sie fit für ein Vorstellungsgespräch? Können Sie Ihren Lebenslauf prägnant und überzeugend darstellen? Können Sie über Ihre Stärken sprechen? Üben Sie im Vorfeld, um sich gründlich vorzubereiten. Nutzen Sie bei Ihrer Vorbereitung die Checklisten im Buch, um Ihre fachlichen und persönlichen Kompetenzen für das Vorstellungsgespräch zu definieren.

Ihre Fragen an das Unternehmen

Um im Vorstellungsgespräch deutlich zu machen, dass Sie sich für das Unternehmen und die Position interessieren, sollten Sie sich vorab gründlich informieren. So ist auch gewährleistet, dass Sie bei entsprechenden Fragen Wissen zum Unternehmen vermitteln, aber auch selbst schlaue Fragen stellen können.

Habe ich bei meiner Recherche alle Informationsquellen berücksichtigt?

Firmenbroschüren und Geschäftsberichte (werden Ihnen auf Anfrage in der Regel gerne zu Verfügung gestellt; diese Medien geben Informationen zur Unternehmensstruktur und zur wirtschaftlichen Situation)	O
Homepage des Unternehmens	O
Zeitungsartikel (neben den größeren Zeitungen wie „Handelsblatt", „FAZ" und „Wirtschaftswoche" auch regionale Zeitungen, die in regelmäßigen Abständen über ortsansässige Firmen berichten)	O
Industrie- und Handelskammer (IHK)	O
„Handbuch der Großunternehmer" (Hoppenstedt Verlag) (grundsätzliche Informationen zu Unternehmen, auch über das Internet abrufbar)	O
Agentur für Arbeit	O
Internetdatenbanken zu Unternehmen	O

Auch Sie müssen sich entscheiden

Spätestens nach dem Vorstellungsgespräch müssen Sie sich selbst klar werden, ob Sie die Stelle annehmen wollen, wenn Sie Ihnen angeboten wird. Tragen Sie mithilfe der nachfolgenden Checkliste Aspekte zusammen, die Ihnen bei der Entscheidung für oder gegen ein Unternehmen behilflich sein können.

Wichtige Fragen zum Unternehmen	Notizen
Was macht dieses Unternehmen als Arbeitgeber für mich attraktiv?	
Wie ist die wirtschaftliche Situation des Unternehmens, in dem Sie sich beworben haben?	
Wie ist die Marktposition des Unternehmens?	
Welches Image hat das Unternehmen?	
Passt das, was ich über Unternehmensorganisation, Unternehmens- und Führungskultur erfahren habe, zu meinen persönlichen Werten und Zielen?	
Welche der aufgezeigten Aufgaben stellen eine besondere Herausforderung für mich dar?	
Kann ich in diesem Unternehmen meine berufliche Entwicklung wie geplant weiterverfolgen?	
Möchte ich mit den Personen, die ich kennengelernt habe, zusammenarbeiten?	
Welchen Eindruck haben andere Mitarbeiter im Unternehmen auf mich gemacht?	

Was hat mir in diesem Unternehmen nicht gefallen?	
Welche meiner Erwartungen werden erfüllt?	
Welche Kompromisse muss ich eingehen?	
Welche Fragen möchte ich noch klären oder weiter vertiefen?	

Ihr Zugangscode zu den besten Bewerbungsmustern

Auf unserer Homepage **www.grow-up.de** haben wir für Sie weitere sehr gute Bewerbungsmuster zur Ansicht und Bearbeitung hinterlegt. Des Weiteren finden Sie dort Formatvorlagen zur optimalen Gestaltung Ihrer Bewerbungsmappe.

Uns so funktioniert es:

1. Sie besuchen unsere Homepage **https://grow-up.de**
2. Auf unserer Startseite finden Sie im oberen Bereich den Auswahlpunkt „Kundenlogin". Hier klicken Sie bitte drauf.
3. Im erscheinenden Feld können Sie nun die folgenden Login-Daten eingeben:
   Benutzername: Bewerbung
   Passwort: Bewerbungsmuster
4. Sobald sie sich eingeloggt haben, erscheinen nun die für Sie hinterlegten Dateien.

Literaturempfehlung

Sehen Sie sich auch unsere weiteren Veröffentlichungen rund um das Thema Karriere an und bereiten Sie sich mit unserer Hilfe auf Ihren nächsten Schritt vor:

- Neustart 50+ Erfolgreich bewerben im besten Alter, ISBN: 979-8-2813-8986-0
- Überzeugen im Vorstellungsgespräch, ISBN: 979-8843823481
- Bewerbungstraining, ISBN: 979-8-355-309-848

Die Autoren

Uta Rohrschneider

ist Geschäftsführerin der grow.up Managementberatung GmbH, Gummersbach. Auf Grundlage ihrer langjährigen Erfahrung als Leiterin der Personal- und Führungskräfteentwicklung eines mittelständischen Unternehmens berät sie seit 1997 Kunden in Fragen des Human Ressource Management und der Konzeption, Implementierung und Umsetzung von Personalentwicklungsprozessen sowie der Management-Diagnostik. In der Qualifizierung von Mitarbeitern und Führungskräften liegen ihre Schwerpunkte in den Bereichen Führung, Team- und Persönlichkeitsentwicklung sowie Kommunikation. Als Coach unterstützt Uta Rohrschneider Führungskräfte bei der Übernahme herausfordernder Aufgaben sowie in beruflichen und persönlichen Veränderungsprozessen. Uta Rohrschneider ist zudem Reiss-Profile-Instructor und leitet regelmäßig Ausbildungsseminare zum Reiss-Profile-Master.

Michael Lorenz

ist Geschäftsführer der grow.up. Managementberatung GmbH und berät nationale und internationale Kunden seit 1988 in allen Fragen der HR-Strategie, der Personalentwicklung und der Management-Diagnostik. Schwerpunkte seiner Arbeit liegen in der Prozessbegleitung und Moderation bei strategischen Neuausrichtungen und Umstrukturierungen von Unternehmen. In individuellen Coachings begleitet Michael Lorenz Manager bei persönlichen Veränderungs- und Entwicklungsprozessen in Führungs- und Positionierungsfragen. Er ist zudem Lehrbeauftragter der Steinbeis Hochschule Berlin für den Studiengang der Medien-MBA und Finanz-MBA. Zuvor war Michael Lorenz als Geschäftsführer der Kienbaum Management Consultants GmbH tätig.

www.ingramcontent.com/pod-product-compliance
Lightning Source LLC
Chambersburg PA
CBHW080243180526
45167CB00006B/2399